Albert Claßen
Karin Nießen

Das Trainingsraum-Programm

Unterrichtsstörungen pädagogisch auflösen

Verlag an der Ruhr

Titel:	**Das Trainingsraum-Programm** *Unterrichtsstörungen pädagogisch auflösen*
Autoren:	Albert Claßen, Karin Nießen
Titelbildmotiv:	Michaela Winkel
Illustrationen:	Bernhard Skopnik
Druck:	Druckerei Uwe Nolte, Iserlohn
Verlag:	**Verlag an der Ruhr**

Alexanderstraße 54 – 45472 Mülheim an der Ruhr
Postfach 10 22 51 – 45422 Mülheim an der Ruhr
Tel.: 02 08/439 54 700 – Fax: 02 08/439 54 239
E-Mail: info@verlagruhr.de
www.verlagruhr.de

© **Verlag an der Ruhr 2006**
ISBN 10: 3-8346-0149-7 (bis 12/2006)
ISBN 13: 978-3-8346-0149-X (ab 2007)

**geeignet für
die Klasse** 5 6 7 8 9 10

Gedruckt auf chlorfrei gebleichtes Papier.

Die Schreibweise der Texte folgt der neuesten Fassung
der Rechtschreibregeln – gültig ab August 2006.

Liebe Lehrer,*

schon bei der Wahl des Buchtitels sind wir intensiv ins Grübeln geraten. Sollten wir von verhaltensauffälligen, hyperaktiven, gestörten, häufig störenden oder schwierigen Schülern reden? – Oder sollten wir uns auf Sonderschüler mit Erziehungsschwierigkeiten oder Kinder mit Aufmerksamkeitsdefizit-Hyperaktivitätsstörungen (ADHSler) beschränken? – Alle Gruppierungen sind für eine Thematisierung in einem Buch gleichermaßen interessant und haben auch fast deckungsgleiches Störverhalten. Wenn wir in unserem Buch von schwierigen Schülern sprechen, so sind alle Schüler gemeint, die in ihrem Verhalten im Unterricht deutlich erkennbare Normabweichungen aufweisen, wie den Platz verlassen oder in die Klasse rufen. Denn alle genannten Schülergruppen werden vom Prozess des Trainingsraum-Programms in besonderem Maße erfasst.

Auch wenn der Prozess im Trainingsraum-Programm zunächst ausschließlich Unterrichtsstörungen behandelt, so wollen wir uns doch auch mit den systemischen Auswirkungen dieses Prozesses auf das Gesamtsystem Schule beschäftigen; zumal nach unseren eigenen Erfahrungen eine isolierte Betrachtung auf den Teilbereich Unterrichtsstörungen dem Prozess und seinen Möglichkeiten nicht gerecht wird.

Wenn wir uns in diesem Buch dem Thema Trainingsraum zuwenden, so tun wir dies aus der Sicht der Praktiker, die seit Jahren erfolgreich mit dem Trainingsraum-Programm arbeiten. Außerdem greifen wir Problemstellungen und Rückmeldungen aus ca. 30 kollegiumsinternen Lehrerfortbildungen auf, die wir in den letzten drei Jahren in allen Schulformen als Moderatoren geleitet haben. Wir wollen unsere eigenen Erfahrungen einbringen und die notwendigen Hilfestellungen und Tipps bei der Einführung, Vorbereitung und Durchführung des Programms geben.

Wenn wir im Folgenden von schwierigen Schülern sprechen, so möchten wir die übrigen Schüler nicht außen vor lassen. Ihr Anteil an dem zu bearbeitenden Problembereich Unterrichtsstörungen ist jedoch gering.

Karin Nießen und Albert Claßen

---

* Aus Gründen der besseren Lesbarkeit haben wir in diesem Buch durchgehend die männliche Form verwendet. Natürlich sind damit auch immer Frauen und Mädchen gemeint, also Lehrerinnen, Schülerinnen etc.

Einleitung

Der Prozessablauf des Trainingsraum-Programms wurde erstmals 1994 von dem amerikanischen Sozialarbeiter E. Ford festgeschrieben. Ford nannte das Programm „Responsible Thinking Program". Sein Programm baut auf drei Grundregeln und einer festen Ablaufstruktur auf und setzt diese Faktoren in die schulische Praxis um. Das Programm basiert auf der von dem amerikanischen Psychologen William T. Powers entwickelten Wahrnehmungskontrolltheorie (Perceptual Control Theory; **www.trainingsraum.de/download/pct.pdf**), die besagt, dass die Kontrolle eigenen Verhaltens nur dann möglich ist, wenn man das eigene Verhalten und die daraus resultierenden Bedingungen wahrnimmt.

■ Unterrichtsstörungen

Der Begriff „Unterrichtsstörungen" bedarf einer deutlichen Klärung, besonders, wenn es um die Dauerstörungen durch die schwierigen Schüler geht. Die Reduzierung der Normabweichungen im Verhalten dieser Schüler auf den Bereich Unterrichtsstörungen ist relativ neu, aber in der Anwendung des Trainingsraum-Programms sehr wichtig, da sich dieser Prozess zunächst ausschließlich mit Unterrichtsstörungen beschäftigt. Unterrichtsstörungen im Sinne des Prozesses sind nachhaltige Unterbrechungen der Beziehung zwischen Klasse und Stoff. Oder wie Rainer Winkel es formuliert: *„Unterrichtsstörungen treten auf, wenn die Lehr- und Lernsituation stockt, pervertiert, inhuman oder unerträglich wird."* (Rainer Winkel: Der gestörte Unterricht. Diagnostische und therapeutische Möglichkeiten. Schneider Verlag 2005). Die Definition beinhaltet eine klare Trennung zwischen dem Unterricht und den beteiligten Personen. Wir haben uns bei unseren Moderationen eine Definition angeeignet, die in ähnlicher Weise und mit Absicht die Problematik der Unterrichtsstörung noch weiter vom Lehrer distanziert, um den Lehrern die Möglichkeit zu einer professionell sachlichen Reaktion zu erleichtern: Danach liegt eine Unterrichtsstörung dann vor, wenn der Fluss zwischen Unterrichtsstoff und Schüler nachhaltig beeinträchtigt oder unterbrochen wird.

Bevor wir uns den Unterrichtsstörungen und den Prozessstrukturen im Einzelnen zuwenden, möchten wir frühere Definitionen der Unterrichtsstörungen kurz skizzieren, um den Paradigmenwechsel in der Betrachtung der Unterrichtsstörungen zu erleichtern. Zunächst sprach man in der Pädagogik von „Disziplinschwierigkeiten". Damit war der Schuldige schnell gefunden: Disziplinschwierigkeiten hatte der Lehrer. Um diese Schuldzuweisung zu umgehen, benutzte man später den Begriff „Verhaltensauffälligkeit" und schob damit die Normabweichungen schwieriger Schüler auf die Ebene einer gestörten Schülerpersönlichkeit und brachte im Extremfall sogar die medizinische Begründung ins Spiel, für die der Lehrer absolut keine Verantwortung tragen musste und konnte. Die allgemeine aktuelle Definition, dass Unterrichtsstörungen Unterbrechungen des Lehr- und Lernprozesses sind, bietet wesentlich mehr Interpretationsvarianten als die Festschreibung einer einseitigen Schuld. Dies gilt ganz besonders für die Betrachtung der Unterrichtsstörungen durch schwierige Schüler. Wenn der Lehrer sich z.B. auf die Definition der Verhaltensauffälligkeit oder gar Verhaltensstörung zurückzieht, entzieht er sich der Verantwortung und überlässt das Feld den Medizinern, allerdings nicht, ohne deren Wirksamkeit bei der Behebung der Normabweichungen des schwierigen Schülers ständig in Frage zu stellen.

Bei den „Disziplinschwierigkeiten", die ein Lehrer mit einem schwierigen Schüler hat, ist die Sachlage etwas anders. Hier fühlt der Lehrer sich in seiner Kompetenz angegriffen und die Verhaltensweisen des schwierigen Schülers machen ihm Angst. Dies spiegelt auch das Ergebnis einer Untersuchung des Institutes für Psychologie der Uni Regensburg zum Thema „LehrerInnenängste" wider: An erster Stelle der Gründe für Berufsängste steht mit 45,3 % die Angst vor einem oder mehreren Schülern. Ist diese Angst wirklich begründet? Greift der schwierige Schüler den Lehrer wirklich an, wenn er stört? Oder richten sich Störungen nur gegen den Unterricht? – Oder weder noch? Oder sowohl als auch?

Was zunächst wie der Streit um des Kaisers Bart anmutet, ist in der Schulrealität eine sehr wichtige Frage. Bei unseren Fortbildungen haben wir immer wieder erfahren, wie sehr Lehrer sich durch Unterrichtsstörungen persönlich angegriffen und verletzt fühlen. Damit verbunden ist eine starke gefühlsmäßige Beeinträchtigung durch die Störung, die letztendlich zur Emotionalisierung der Lehrerreaktion führen muss. Die Verteidigungshaltung lässt in der Regel keine professionelle Begegnung mit der Störung zu. Aus der Störung entsteht ein Konflikt, der eskaliert, und am Ende stehen beiderseitige Respektlosigkeiten.

Deshalb bitten wir die Kollegen immer wieder inständig, auf Unterrichtsstörungen gelassen und professionell zu reagieren und damit die Möglichkeit einer Konfliktvermeidung zu nutzen. Dieser Punkt wird sowohl bei den Vorbesprechungen als auch bei unseren Fortbildungen immer wieder als Dreh- und Angelpunkt für das Gelingen des Trainingsraum-Prozesses an einer Schule erkannt.

Wenn wir uns auf die Definition von Unterrichtsstörungen als Unterbrechung des Unterrichtsflusses verständigen, haben wir eine gute Basis, um Unterrichtsstörungen „cool" entgegenzutreten. Das wiederum ist die beste Voraussetzung für das Gelingen des Trainingsraum-Prozesses an einer Schule. Ob der Lehrer eine Schülerhandlung – und um die geht es in diesem Buch – als Unterrichtsstörung registriert, ist dabei seine ganz persönliche, eigenverantwortliche Entscheidung – wenn er die Interessen der lernbereiten Schüler und die Erhaltung des Unterrichtsflusses im Auge behält.

■ Zum Aufbau des Buches

Im ersten Teil wenden wir uns der Problematik der Behandlung von Unterrichtsstörungen zu. Dabei spielen natürlich die schwierigen Schüler und deren Negativeinflüsse auf den Unterricht, das Wohlbefinden der Lehrer und der Mitschüler und das Verhältnis zwischen Schule und Eltern der schwierigen Schüler eine wichtige Rolle. In diesem Zusammenhang werden wir uns auch mit der Wirksamkeit und dem Sinn der bisher üblichen, zum Teil durch Verordnungen und Schulgesetze abgesicherten Sanktionsstrukturen kritisch auseinandersetzen.

Im zweiten Teil schildern wir den Prozessablauf des Trainingsraum-Programms, so wie er bereits 1994 von E. Ford, dem Begründer des Programms, praktiziert wurde.

Im dritten Teil beschäftigen wir uns mit den standortspezifischen Ausprägungen des Programms. Nach inzwischen fünfjähriger Erfahrung mit dem Trainingsraum-Programm und entsprechenden Evaluationen haben wir, neben der fest verankerten inneren Prozessstruktur, ein durch den Prozess begünstigtes pädagogisches Umfeld entwickelt. Wir werden dabei vor allem die besondere prozessabhängige Beratungsstruktur an unserer Schule darstellen.

Im vierten Teil setzen wir uns mit den praktischen Veränderungen auseinander, die durch die Einführung des Trainingsraum-Programms erreicht werden können.

Im letzten Teil des Buches stellen wir alle für die Einführung des Programms notwendigen Schritte vor. Auch sollen hier die grundsätzlichen Veränderungen im System Schule, die das Programm bewirkt, aufgezeigt werden. Dazu müssen bestimmte Grundsätze bei der praktischen Durchführung des Programms berücksichtigt werden.

■ Lehrerelend, Schülerelend, Elternelend

Wie können wir als Lehrer, aber auch als System Schule unter den bisherigen Bedingungen an der Beseitigung von Unterrichtsstörungen arbeiten?

Ende der Pause.
Kollege G. steht schwerfällig auf. Sorgenvoll begibt er sich in die Klasse 7b.
Deutschunterricht mit 28 Schülern, darunter zwei sehr schwierige Schüler, nach
Aussage des Klassenlehrers diagnostizierte ADHSler. Sie sind das Kreuz der
Klasse, nicht nur für ihn, sondern für alle Kollegen und auch für die übrigen
Schüler. Sie werden mit Sicherheit seinen Unterricht wieder torpedieren wollen.
Was soll er nur mit den beiden anfangen? Ermahnungen sind ohne jede Wirkung.
Er kennt die stereotype Reaktion der beiden auf jede Ermahnung:
„Was habe ich denn getan?"
Dann beginnt das übliche Was-wollen-Sie-eigentlich-von-mir-Spiel.
Das Ende der Debatte: Frust, Ärger, Hilflosigkeit, Ratlosigkeit.
Strafarbeiten, Nachholen des versäumten Stoffes, Sonderaufgaben?
Die werden zwar zuweilen erledigt, aber sie bringen noch mehr Stress.
Die Gegenwehr wird intensiver: _„Was soll das? Ich habe doch gar nichts getan!"_
Es folgt eine endlose Diskussion.
Der Unterricht ist nachhaltig unterbrochen.

In der Auseinandersetzung zwischen dem Lehrer und dem schwierigen Schüler gibt es keinen Sieger, sondern nur Verlierer. Und Verlierer sind auch – und dies in besonderem Maße – die lernbereiten Schüler, denen ein Teil möglicher Unterrichtszeit entzogen wird und die den Stressfaktor noch dadurch erhöhen, dass sie ihre Rechte massiv einfordern: _„Jetzt sorgen Sie doch endlich für Ruhe!"_ Hinzu kommt ein weiterer Automatismus: Wenn Kevin bestraft wird, schaltet sich mit Sicherheit Thomas, der zweite schwierige Schüler der Klasse, ein, und wenn …

Also vor die Tür setzen? Das ist nicht nur verboten, sondern auch wenig sinnvoll. Denn selbst wenn der Erste draußen ist, stört der Zweite so lange, bis … zum Eintrag ins Klassenbuch? Das wäre bei Kevin der 10. Eintrag; und damit wäre nach der Schulordnung die zweite Klassenkonferenz fällig. Wahrscheinlich mit dem Beschluss, Kevin eine Woche vom Unterricht auszuschließen! Aber wem soll dieser Ausschluss nutzen?

Außerdem war die erste Klassenkonferenz über Kevin eine Katastrophe: Die Mutter hatte geweint – völlig hilflos – und der Vater hatte getobt: Die Schule kenne doch die besondere Situation von Kevin, damit müssten studierte Pädagogen doch fertig werden. Und hatte der „schriftliche Verweis" geholfen? Höchstens zwei Tage vor der Konferenz und drei Tage danach. Schon in der letzten Deutschstunde hatte Kevin gefleht und gebettelt, ihn nicht einzutragen – wegen seiner Eltern.

Thomas könnte bei einem weiteren Klassenbucheintrag in die Parallelklasse versetzt werden. Aber ob und wem das hilft? In der Parallelklasse sind schon genügend schwierige Schüler. Demnach ist dies auch keine befriedigende Lösung.

Gibt es überhaupt eine angemessene Lösung für die Behandlung schwieriger Schüler? Der Kollege G. vermutet: *„Unser System ist für diese Schüler ungeeignet!"* Also ein Wechsel der Schulform, d.h. die beiden eventuell an eine Sonderschule für erziehungsschwierige Schüler überweisen? – Geht nicht mehr; die beiden sind zu alt für ein Verfahren zur Feststellung des sonderpädagogischen Förderbedarfs. Und außerdem sind die beiden Schüler außerhalb des Unterrichtes ausgesprochen sympathisch, weder gewalttätig noch aufsässig, sondern höflich und freundlich im Gespräch unter vier Augen und vor allem sehr einsichtig und voller guter – leider nicht anhaltender – Vorsätze. Aber was kann ich tun, um mir, den beiden und den übrigen Schülern zu helfen?

1.

Schwierige Schüler
im Unterricht

Wir beziehen uns in der Folge insbesondere auf die Situation in der Sekundarstufe I, da wir hier über mehrjährige praktische Erfahrungen verfügen und hier auch auf die Informationen aus unseren Moderationen zurückgreifen können. Aus Gesprächen mit Grundschullehrern unserer Sorgenschüler wissen wir, dass diese Schüler bereits in der Grundschule deutliche Normabweichungen (z.B. Konzentrationsstörungen, motorische Unruhe) im Unterrichtsverhalten gezeigt haben. Wir möchten Bezeichnungen wie „Fehl-verhalten", „Verhaltensauffälligkeit" oder „Verhaltensstörung" möglichst vermeiden, um vorzeitigen Stigmatisierungen der schwierigen Schüler entgegenzuwirken. Die Definition „Normabweichung" ist eine Kennzeichnung für die Abweichung von der Erwartung, die Lehrer und Eltern an das Schülerverhalten im Regelfall stellen. In einigen Fällen war bei diesen Schülern bereits in der Grundschule ein Verfahren zur Feststellung des sonderpä-dagogischen Förderbedarfs durchgeführt worden. Dabei wurden Defizite und ein sonder-pädagogischer Förderbedarf in der emotionalen und sozialen Entwicklung bestätigt. Wir können davon ausgehen, dass schwierige Schüler in der Sekundarstufe in der Regel auch schwierige Kindergartenkinder und schwierige Grundschüler waren.

Die in der Einleitung geschilderte Situation des Kollegen G. ist leider keine Ausnahme. In Gesprächen mit Kollegen zeigte sich, dass diese wiederholt mit dieser Problematik konfrontiert werden. Vor allem das Problem der relativen Hilflosigkeit im Umgang mit schwierigen Schülern wird auch bei unseren Moderationen von vielen Kollegen thema-tisiert. Diese Hilflosigkeit und die daraus resultierende Frustration ist wohl das Haupt-motiv für die hohe Bereitschaft zum Einstieg in das Trainingsraum-Programm, die uns bei der Vorstellung des Programms in allen moderierten Kollegien aufgefallen ist.

Dass das Problem des Kollegen G. mit den beiden schwierigen Schülern der 7 b kein Einzelfall ist, beweisen auch eine ganze Reihe von Initiativen und Veröffentlichungen, die sich zurzeit mit diesem Problem beschäftigen. So spricht der VBE von einer starken Zunahme verhaltensauffälliger Schüler und appelliert an den Finanzminister, zusätzliche Mittel für Streitschlichtungsprogramme, Beratungslehrer, Sozialarbeiter und Schulpsy-chologen zur Verfügung zu stellen (Pressedienst des VBE-BW vom 20.5.04). Und der Pressedienst der Bayrischen Staatskanzlei zitiert folgende Äußerungen der damaligen Kultusministerin Monika Hohlmeier vom 20. April 2003:

„… Das Recht der Kinder, die in der Schule lernen wollen, hat Vorrang und muss vom Staat geschützt werden. […] Niemand von diesen extremen Störern wird auf die Straße geschickt, aber er hat auch nichts mehr in den regulären Klassenverbänden zu suchen."

Bei einer von Stern-TV durchgeführten Internetumfrage zum Thema „Lehrer von heute"
im März 2006 antworteten auf die Frage „Ist der Lehrerberuf in den vergangenen Jahren härter geworden?" nur 8 % der Befragten mit „Nein", weitere 8 % gaben keine Antwort und 84 % beantworteten die Frage mit „Ja". Leider wurde nicht die Frage nach den
Gründen für dieses Ergebnis gestellt. Aber aus vielen Gesprächen kennen wir die Gründe:
*„Bei den heutigen Schülern kann ich mir gut vorstellen, wie schwierig es heute Lehrer
in ihrem Beruf haben."* – So lautet doch meist der Kommentar, wenn heute im Bekann-
tenkreis über den Lehrerberuf gesprochen wird. Es wäre jedoch sicher zu einseitig, den
Einfluss des schwierigen Schülers als reines Gegenwartsproblem der Lehrer zu sehen.
Schon Sokrates soll vor über zwei Jahrtausenden gesagt haben: *„Die Jugend liebt den
Luxus, hat schlechte Manieren und verachtet die Autorität. Sie widersprechen ihren
Eltern, legen die Beine übereinander und tyrannisieren ihre Lehrer!"* Der Spiegel stellt in
seiner Ausgabe vom 14.6.1993 fest: *„Die Lehrer sind ihren Aufgaben nicht mehr ge-
wachsen. Viele kapitulieren vor schwierigen Kindern und streitsüchtigen Eltern!"*
(Cornelia Frech-Becker: Ein Berufsstand steckt in der Krise: „Die sind satt und festge-
fahren", Der Spiegel 24/1993, S. 34 – 48) Aber es gibt anscheinend doch einige Hinweise
auf die ansteigende Zahl von schwierigen Schülern in der aktuellen Schullandschaft,
was wir beide als Autoren mit gemeinsam über 70 Dienstjahren bestätigen können.
Wir wissen auch aus unserer Tätigkeit als Moderatoren von kollegiumsinternen Lehrerfortbildungen zum Thema „Trainingsraum-Programm", dass es keine Schule und keine
Schulform ohne schwierige Schüler gibt.

1. Die Selbsteinschätzung der Lehrer

Wir haben in unseren innerkollegialen Fortbildungen Lehrer mit folgendem Fragebogen
anonym zum Thema Unterrichtsstörungen befragt (s. Kopiervorlage „Fragebogen zu
Unterrichtsstörungen", S. 136): Von ca. 1 000 Kollegen, die diese Fragen bearbeitet
haben, beantworteten gerade einmal zehn Lehrer die Frage *„Sind Sie im Großen und
Ganzen mit der Wirksamkeit Ihrer Maßnahmen zufrieden?"* uneingeschränkt mit „Ja"
und die Frage *„Wünschen Sie sich manchmal, andere, wirkungsvollere Maßnahmen zur
Verfügung zu haben?"* mit „Nein". Alle übrigen 99 % suchten dringend nach Möglichkeiten zur wirkungsvollen Reduzierung der Unterrichtsstörungen. Wir haben durch diesen
Fragebogen aber auch sehr viel über die große Not einzelner Kollegen erfahren.

Es gab an allen moderierten Schulen Lehrer, die bei der Frage *„Wie viel Prozent der Unterrichtszeit nehmen Unterrichtsstörungen und Ihre Reaktion darauf in Anspruch?"* berichteten, dass sie 40, 50, ja bis zu 80 % ihrer Unterrichtszeit durch Störungen und deren Beseitigung verloren. Bei diesen Lehrern wird der schwierige Schüler mit seinen Unterrichtsstörungen zu einem Stress- und Angstfaktor, der z.T. traumatische Reaktionen bei den betroffenen Lehrern auslösen kann. Dies deckt sich auch mit den Untersuchungsergebnissen, die bei einer 2002 durchgeführten Umfrage des „Zentrums für Lehrerbildung der Universität Kassel" ermittelt werden konnten (Dauber, Heinrich/Vollstädt, Witlof: Psychosoziale Belastungen im Lehramt. Empirische Befunde zur Frühpensionierung hessischer Lehrer. In: Die Deutsche Schule 3/2004, S. 359 – 369):
Die schriftliche Befragung von 1517 Lehrern aller Schulstufen und -arten, die zwischen 1996 und 2002 im Regierungsbezirk Kassel aus Krankheitsgründen frühpensioniert worden waren, gaben als Hauptbelastungsfaktoren für die vorzeitige Berufsaufgabe vorrangig folgende Gründe an:

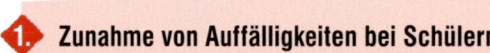 **Zunahme von Auffälligkeiten bei Schülern**

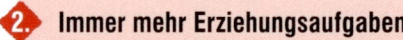 **Immer mehr Erziehungsaufgaben**

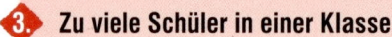 **Zu viele Schüler in einer Klasse**

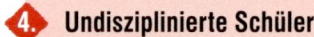 **Undisziplinierte Schüler**

Wie hilflos die Pädagogik in der Behandlung dieser Schüler geworden ist, zeigt auch die Tatsache, dass in vielen Fällen die Verantwortlichkeit ungeteilt an medizinische Disziplinen wie Kinderärzte, Psychologen oder an Jugendämter, Erziehungsberatungsstellen und ähnliche Institutionen weitergegeben wird. Allerdings hilft dies zunächst den Lehrern in der Klasse sehr wenig oder gar nicht. Wir gehen davon aus, dass ein großer Teil der Arbeitskraft des Lehrers nicht durch die Vermittlung von Bildung und Inhalten, sondern durch die Erziehungsversuche bei den schwierigen Schülern und deren Bändigung zur Vermeidung von Unterrichtsstörungen verloren geht. Hinzu kommt eine deutlich erkennbare und von vielen Kollegen als ungerecht empfundene einseitige Zuwendung der Aufmerksamkeit auf die schwierigen Schüler. Denn auch die ruhigen und unauffälligen Schüler brauchen die Aufmerksamkeit des Lehrers. Auch sie haben Probleme. Diese treten jedoch in den Hintergrund angesichts der Probleme, die die schwierigen Schüler haben und machen. Dies zeigt auch eine Statistik der schulpsychologischen Beratungsstelle Graz (Haidmeyer, Ingrid: Die Auswirkung des Trainingsraum-Programms auf

die Situation im Klassenzimmer. Schulpsychologische Beratungsstelle Graz 2004;
www.lsr-stmk.gv.at/cms/dokumente/10082521/649cde79/Trainingsraumbericht.pdf).
In dieser Statistik sind die signifikanten Unterschiede zwischen den Kollegen mit dem
Trainingsraum-Programm und den Lehrern der Kontrollschule ohne Trainingsraum-
Programm gut erkennbar. Während 48 % der Lehrer der Schule mit Trainingsraum-
Programm feststellen, dass sie ausreichend Zeit für brave und fleißige Schüler haben,
sind nur 20 % der Lehrer der Kontrollschule dieser Meinung.

Die Gründe für die Aufmerksamkeit der Lehrer für die schwierigen Schüler liegen naturgemäß an dem hohen Störpotenzial dieser Schüler, das die Kräfte der Lehrer unverhält-
nismäßig stark bindet. Und besonders diese negative Zuwendung verbraucht sehr viel
Energie. Dies ist umso frustrierender, da kaum Fortschritte in der problematischen
Unterrichtssituation feststellbar sind.

2. Die Möglichkeiten des Lehrers

Um das Problem im Unterricht zu vermindern oder gar zu beheben und ständige Unterrichtsstörungen zu beseitigen, steht dem Lehrer nur ein kleines Repertoire an Hand-
lungsmöglichkeiten zur Verfügung. Zunächst muss er die Ausschöpfung aller pädagogischen Möglichkeiten, wie Methodenwechsel, Platzwechsel, Verträge mit gegenseitigen
Verpflichtungen, Gespräche mit den Schülern und deren Eltern und welche anderen
Eingriffe das auch immer sein mögen, nachweisen, um nach dem jeweiligen Schulgesetz in den Bereich der offiziellen Sanktionen eintreten zu können. Das Spektrum der
offiziellen Sanktionen ist jedoch kaum geeignet,
Änderungen der Verhaltensmuster der betroffenen
Schüler zu erzielen, im Gegenteil: Im schlimmsten
Fall steht am Ende der Skala die Ausgrenzung
des Schülers und seine Entfernung aus der
Lerngruppe. Damit ist jedoch weder dem
Schüler noch seinen Eltern noch dem
System Schule gedient; denn der Schüler wird auch an einem anderen Ort
seine Verhaltensweisen fast immer
unverändert fortführen.

■ Offizielle Sanktionsmaßnahmen

Die Maßnahmen nach Schulgesetz oder ASchO helfen nicht gerade, das Selbstbewusstsein des Lehrers zu steigern oder zumindest zu erhalten. Denn die Kollegen, die diese offizielle Ebene betreten, sind sich auch der Grenzen der persönlichen Handlungskompetenz bewusst. Zudem ist das Ausweichen auf die offizielle Ebene auch mit einem erheblichen Autoritätsverlust bei Eltern und Schülern verbunden: *„Wenn der Lehrer selbst nicht mehr mit dem Schüler klarkommt, muss die Klassen- oder Lehrerkonferenz her!"* Wir möchten damit diese Institutionen nicht abschaffen, sondern nur darauf hinweisen, dass sie bei der Beseitigung von Unterrichtsstörungen durch schwierige Schüler nicht sehr hilfreich sind. Sicher gibt es andere Bereiche, wie Gewalt, Vandalismus, Diebstahl, Drogenkonsum und andere Straftaten, in der Schule, die sich ausschließlich über die offizielle Ebene abwickeln lassen.

Ein weiterer großer Nachteil der so genannten Ordnungsmaßnahmen bei Unterrichtsstörungen ist die zeitliche Verzögerung. Selbst wenn eine Klassenkonferenz sehr schnell reagiert, so vergehen doch Monate, bevor etwas passiert. Die meisten Vorfälle hat der Schüler schon längst vergessen und können von den Lehrern nur noch mit Hilfe von Klassen- oder Notizbüchern rekonstruiert werden. Umso stärker ist bei den Schülern und auch bei den teilnehmenden Eltern das Gefühl, dass die Ordnungsmaßnahme mehr oder weniger unberechtigt und nicht angebracht ist. Zumal die Schüler nur die letzten Vorfälle als Grund für die Bestrafung ansehen, weil sie sich, genau wie die Lehrer, an weit zurückliegende Ereignisse gar nicht erinnern können. Dies ist besonders bei vielen schwierigen Schülern wegen der mangelnden Selbstwahrnehmungskontrolle sogar ganz normal und verständlich. Der Aspekt des fehlenden zeitlich engen Zusammenhangs macht daher die offiziellen Bestrafungen noch problematischer.

■ Pädagogische Handlungsspielräume

Bei stark durch Störungen schwieriger Schüler beeinträchtigten Klassen reduzieren viele Lehrer ihr methodisches Repertoire auf den Frontalunterricht, in der Hoffnung, dadurch die Unterrichtsstörungen zu verhindern. *„Ich kann diesen Schülern doch nicht den Rücken zukehren! Deshalb arbeite ich auch nicht mehr mit der Tafel, sondern mit dem OHP. Da habe ich die Klasse immer im Auge!"* Nachdem verschiedene methodische Änderungsversuche nach Meinung der Kollegen wegen mangelnder Kontrolle der schwierigen Schüler fehlgeschlagen bzw. an den schwierigen Schülern gescheitert sind, haben viele Kollegen kapituliert und sich den „sicheren" Methoden zugewandt. Diese Lehrer sind frustriert und empfinden den Rückzug von den attraktiven offenen Unterrichtsformen als persönliche Niederlage. Viele Ideen, die einige Lehrer zur Begrenzung von Unterrichtsstörungen entwickelt haben, scheinen bereits nach kurzer Zeit zum gewünschten Erfolg zu führen. Allerdings scheiterten Belohnungssysteme, Punktewertungen und andere Verstärkungsmethoden für gutes Verhalten nach Bekunden der moderierten Kollegen sehr häufig daran, dass sie die schwierigen Schüler gar nicht oder nur kurzzeitig erreichten. Interessant war bei den befragten Kollegen allerdings auch die Tatsache, dass keiner der 1000 Befragten Vorschläge zu Änderungen des eigenen Lehrerverhaltens machte – wenn wir einmal von der Handvoll Kollegen absehen, die sich andere Unterrichtsformen überlegen wollten. Dies zeugt nicht etwa von der Ideenarmut der Betroffenen, sondern von der starken Bindung des Lehrerverhaltens durch die Unterrichtsstörungen.

Ein weiterer belastender Faktor für jeden Kollegen sind die negativen Emotionen, die sich im Laufe der Zeit auch bei den schülerfreundlichsten Kollegen gegen die schwierigen Schüler entwickeln. Es ist nicht nur die Ablehnung, es sind auch Unverständnis und Toleranzmangel, die die Lehrer-Schüler-Beziehung nachhaltig belasten. Wenn der brave Schüler ohne Erlaubnis aufsteht und zum Papierkorb geht oder sich bei einem Mitschüler einen Zirkel ausleihen will, nimmt der Lehrer dies entweder gar nicht zur Kenntnis oder aber er reagiert nicht. Wenn aber der schwierige Schüler sich erhebt und zum Papierkorb geht, ist das für den Lehrer sofort eine Provokation und wird entsprechend behandelt. Denn bei dem schwierigen Schüler ist für den Lehrer sofort Gefahr in Verzug, wenn dieser Schüler sich nur zur Seite oder nach hinten dreht. Sicher hat der Lehrer manchmal Recht mit seinen Befürchtungen, aber sicher auch nicht immer. Selbst der Lehrer, der sich bewusst und intensiv um eine gerechte Behandlung aller Schüler kümmert, läuft Gefahr, in diese Emotionsfalle zu geraten. Und selbst, wenn er die ungerechte Behandlung des Schülers erkennt, glaubt er aus prophylaktischen Gründen sein Hauptaugenmerk auf den schwierigen Schüler lenken zu müssen.

3. Das Verhalten schwieriger Schüler

Häufig gehen wir davon aus, dass der schwierige Schüler schlecht oder gar nicht erzogen ist. Wir sehen nur die sichtbaren Verhaltensmuster und sind nicht in der Lage, im Alltagsgeschäft nach Hintergründen zu fragen. Daher bleibt die eigentliche individuelle Notlage des schwierigen Schülers weitgehend im Dunkeln. In der Folge erfährt er, dass die Menschen, die ihn erziehen, sich selten um die Gründe für seine Verhaltensweisen kümmern, sondern meist durch Sanktionen sein Wohlverhalten erzwingen wollen. Seine Hilferufe wegen mangelnder Lernfähigkeit, wegen Ablehnung des Lehrers, wegen eines katastrophalen Familienumfeldes, wegen mangelnder Konzentrationsfähigkeit oder persönlicher Defizite auf vielen Sektoren werden immer nur auf die Feststellung reduziert, dass er den Unterricht stört und deswegen bestraft werden muss.

Schüler, die dadurch von der Verhaltensnorm abweichen, dass sie ständig den Unterricht stören, sind zunächst einmal schwierig für den Lehrer. Sie stören permanent den Unterricht, gehen in den Konflikt mit dem Lehrer, werden häufig respektlos und beleidigend. Sie haben kein ausgeprägtes Regelbewusstsein und sind nicht in der Lage, sich über einen mittelfristigen Zeitraum zu konzentrieren. Die mangelnde Selbstkontrolle geht häufig mit einer stark reduzierten Selbstwahrnehmung einher.
Unter diesem Aspekt ist die Aussage:

 „Ich habe doch nichts getan!"

keineswegs eine bewusste Lüge, sondern eine ehrliche Wiedergabe der eigenen Wahrnehmung. Damit beginnt jedoch schon die Reihe der Missverständnisse. Durch die Lehrerantwort: *„Du weißt schon gar nicht mehr, was du tust!"* wird die schwache Seite des Schülers angegriffen, und der Schüler geht in die Gegenoffensive. Wir kennen zur Genüge den Teufelskreis der Eskalation im Klassenzimmer. Der Schüler lässt sich am Ende zu Respektlosigkeiten hinreißen, macht sich dadurch erst recht angreifbar und muss doch letztendlich den „Kampf" verlieren. Der Lehrer agiert in solchen Situationen ebenfalls emotional und flüchtet auf eine verbale Ebene, auf der er dem Schüler überlegen ist, er wird ironisch, sarkastisch oder gar zynisch. Dies ist genau so respektlos wie die weniger subtilen Angriffe des Schülers. Der schwierige Schüler muss wieder und wieder Niederlagen einstecken. Er wird ständig sanktioniert, ohne dass ihm klare Wege aus seinem Dilemma aufgezeigt werden. Am Ende dieses Kreislaufes steht entweder die Aggression oder die Depression. Der aggressive Schüler wird auch außerhalb des Unterrichtes verhaltensauffällig und wird im schlimmsten Fall zu einer Belastung des Gesamtsystems Schule. Ständig steigende Sanktionen führen zu Demotivation, zu Leistungsverweigerungen, zu Schulversagen und in die Distanzierung vom System Schule bis hin zur Schulverweigerung im Extremfall. All diese Eskalationsstufen sind für den Schüler mit erheblichen Konflikten mit Lehrern, Mitschülern und Eltern verbunden. Der depressiv reagierende Schüler geht meist sofort in die Schuldistanz, zunächst verweigert er jede Mitarbeit, er will auf der Leistungsebene versagen. Er ist zu Beginn des Rückzuges zwar noch körperlich anwesend, um sich dann aber in der Endstufe im schlimmsten Fall ebenfalls endgültig aus dem System Schule zu verabschieden. Er leidet, wie der aggressive schwierige Schüler, nachhaltig unter seinem Fehlverhalten. Es ist nicht nur der Stress mit dem gesamten Lebensumfeld, es sind vor allem auch die mangelnden Zukunftsperspektiven, die als Folge des Scheiterns in der Schule unumgänglich sind.

Ständige Sanktionen, wie zeitweilige Ausschlüsse, Sonderarbeiten oder Nacharbeiten in Zusatzstunden, nehmen einen erheblichen Teil des Leistungspotenzials und der Arbeitskraft des schwierigen Schülers in Anspruch. Dies ist schon deshalb fatal für seine weitere schulische Entwicklung, weil viele schwierige Schüler wegen mangelnder Konzentrationsfähigkeit ohnehin oft mit erheblichen Lernproblemen zu kämpfen haben. Wenn es dem Schüler einfach zu viel wird, beginnt der Einstieg in den Ausstieg aus dem System Schule. Der Teufelskreis von Sanktion, Frustration und Demotivation führt in vielen Fällen zum totalen Ausstieg. Nach Angaben der Tageszeitung ‚Die Welt' vom 14. Mai 2003 steigen zwischen 100 000 und 400 000 Schüler in Deutschland aus dem System Schule aus. Nur sehr wenige schwierige Schüler haben eine enge soziale Anbindung an den Klassenverband. Sie werden zwar mit erstaunlicher Regelmäßigkeit zum Klassensprecher gewählt, aber außerhalb der Schule sind sie weitgehend isoliert. Sie werden selten zu den Kindergeburtstagen eingeladen und werden auch von den Eltern der unauffälligen Kinder aus deren Freundeskreis ausgesondert.

UNSERE ERFAHRUNGEN

Wir versuchen seit einiger Zeit, eine frustrierte Gruppe von Schulaussteigern zu einem Hauptschulabschluss zu führen und sehen deutlich den hohen pädagogischen, personellen und finanziellen Aufwand, der mit einer solchen Maßnahme verbunden ist. Und alle schwierigen Schüler dieser Sondermaßnahme geben als Gründe für die Schuldistanzierung ihre Außenseiterposition in der Schule an. Sie konnten die ständigen Sanktionen, Misserfolge, Ausgrenzungen und Niederlagen nicht mehr ertragen. Hinzu kam noch die Ablehnung durch die Mitschüler.

■ Das Verhältnis schwieriger Schüler zum Lehrer

Schwierige Schüler fühlen sich oft von den Lehrern abgelehnt und missverstanden, ohne die Gründe für diese Ablehnung deutlich zu erkennen. Damit ist auch ein starker Vertrauensverlust im Lehrer-Schüler-Verhältnis verbunden. Dieser Vertrauensmangel lässt sich auch mit durchaus gut gemeinten Gesprächen zwischen Lehrer und Schüler nur ganz selten erfolgreich reparieren. Die immer wieder erfahrene Ablehnung blockiert den pädagogischen Zugang zu diesen Schülern nur allzu häufig. Daher sind diese Gespräche meist sehr frustrierend für den Lehrer, der am Ende resigniert:

**„Der lässt sich doch nichts sagen.
Der hört gar nicht zu."**

Mit dieser Einschätzung ist die Gesprächsebene als Interventionsmöglichkeit endgültig verloren. Der schwierige Schüler verliert so weiter an Motivation und Vertrauen, wenn er merkt, dass der Lehrer nicht mehr mit ihm spricht.

Der deutliche Unterschied im Lernerfolg trägt auch kaum zur Konsolidierung der Verhaltensmuster bei. Zuweilen gibt es auch deutliche Ungerechtigkeiten bei der Beurteilung der schwierigen Schüler. Zum einen drückt der Lehrer bei einem unauffälligen Schüler viel eher ein Auge zu als bei einem schwierigen Schüler. Das ist durchaus verständlich, wenn man die Nöte des Lehrers sieht, die der schwierige Schüler verursacht.
Der Versuch einer Disziplinierung über Noten und Abschlüsse ist jedoch nicht nur rechtlich, sondern auch pädagogisch sehr umstritten. Wie soll unter diesen Umständen der schwierige Schüler die Aufmerksamkeit der Lehrer und der Mitschüler denn sonst noch erlangen, wenn nicht durch Verhaltensauffälligkeit? Auf der positiven Leistungs- und Verhaltensebene sieht er für sich keine Möglichkeit. Schule ist für die schwierigen Schüler kein Spaßbereich, wie man vermuten könnte und wie diese Schüler es zuweilen auch darstellen. Schule ist vielmehr ein Bereich mit viel Frust und Stress, viel Ablehnung, vielen Niederlagen und Misserfolgen, viel Misstrauen, vielen Sanktionen und sehr wenig Lust und Freude.

Bei allem Verständnis für die missliche Situation dieser Schüler sollte jedoch die berechtigte Frage gestellt werden, wer mehr unter den Unterrichtsstörungen leidet. Sind es die schwierigen oder die lernbereiten Schüler? Auch wenn die lernbereiten Schüler den Großteil der Schülerschaft repräsentieren, zeigte sich bei unseren Fortbildungen, dass ihre Problematik von den Lehrern häufig zu wenig beachtet wird.

Der einzige Aspekt ist für viele Kollegen der Verlust an Lernzeit, der als Nachteil für diese Schüler betrachtet wird. Es ist auch uns erst nach der Einführung des Trainingsraum-Programms bewusst geworden, welche Kapazitäten durch Unterrichtsstörungen brachgelegen haben. Und erst im Rahmen des Prozesses nehmen wir wahr, dass auch brave und lernbereite Schüler individuelle Probleme haben können.

Welcher Lehrer wundert und ärgert sich nicht, wenn einer der schwierigen Schüler von der Mehrheit der Klasse zum Klassensprecher gewählt wird? Dabei ist es ganz normal, dass diese Schüler wegen ihres Mutes, ihrer Widerstandskraft, ihrer Rebellion und auch oft wegen ihres Witzes von den übrigen Schülern bewundert und geschätzt werden. Die mehr oder weniger langen Unterbrechungen haben ja durchaus positive Begleitumstände: Weil weniger Stoff behandelt wird, ist die Belastung in der Schule und bei den Hausaufgaben unter Umständen geringer. Außerdem sind die Aktionen der schwierigen Schüler eine willkommene Abwechslung im Unterricht und manchmal sind die Auftritte ja auch sehr lustig. Allerdings gibt es doch eine ganze Reihe von Negativfolgen, die letztendlich dazu führen, dass die lernbereiten Schüler, bewusst oder unbewusst, langfristig unter den Unterrichtsstörungen leiden. Zunächst registrieren sie, dass die Aufmerksamkeit der Lehrer sich mehr auf das Fehlverhalten der schwierigen Schüler als auf das eigene positive Verhalten konzentriert. Sie haben wegen der ständigen Interventionen der schwierigen Schüler kaum eine Chance, ihre eigenen Ideen und Beiträge in den Unterricht einzubringen. Außerdem wird der Gedankenfluss ständig unterbrochen und je nach Begabung ist es sehr schwierig, den Faden wieder aufzugreifen.
So ist auch zu erklären, dass der höchste Prozentsatz für den Zeitverlust durch Unterrichtsstörungen an Sonderschulen für Lernbehinderte zu finden war, nämlich durchschnittlich 33 %. Aber selbst begabten Schülern fällt es schwer, die Sequenz von Unterrichtsinhalten im Stop-and-Go-Unterricht miteinander zu verknüpfen. Auch an moderierten Realschulen lag der durchschnittliche Verlust an Unterrichtszeit, der durch Störungen verursacht wurde, bei 25 %. Durch diesen großen Zeitverlust wird auch der Lernfortschritt sehr negativ beeinflusst.
Die lernbereiten Schüler finden es auch sehr schade, dass vom Lehrer neu eingebrachte Methoden oder Lernformen, wie etwa Werkstattunterricht oder Stationenlernen, wegen der ständigen Störungen abgebrochen oder nicht weitergeführt werden. Die Verantwortung für diese Reduzierung des Unterrichtes wird auch von den Lehrern offen den schwierigen Schülern angelastet.

■ Das Klassenklima

Das Spannungsfeld zwischen Lehrern und schwierigen Schülern belastet grundsätzlich die gesamte Klasse. Der Lehrer ist gestresster, weniger verständnisvoll, schlechter gelaunt und unfreundlicher. Die lernbereiten Schüler verlieren ihre Lernmotivation und ihre Freude an Schule und Unterricht und auch ihr Vertrauen zu Schule und Lehrern: *„Weshalb tun die Lehrer nichts?", „Weshalb lassen sie ihre schlechte Laune an uns aus?", „Wieso bestimmen die Störenfriede das Klima in der Klasse?"*

Dabei wäre der Schutz der lernbereiten Schüler auch an anderer Stelle sehr wichtig; denn oft genug werden die Lernbereiten von den schwierigen Schülern massiv ge-mobbt und unter Druck gesetzt. Die Beschimpfungen als Streber oder Schleimer für Schüler, die Interesse und Mitarbeit zeigen wollen, sind ein durchaus probates Mittel, diese positiven Ansätze zu unterbinden und somit das Arbeitsklima einer Klasse ent-scheidend negativ zu prägen. Auch hier ist die Fürsorgepflicht der Schule und des einzelnen Lehrers gefordert.

Wenn wir uns die Diskussion um Unterrichtsausfälle, PISA, Lern-standserhebungen und die Bemühungen zur Steigerung der Effizienz des Bildungssystems anschauen, fehlt die Einbezie-hung eines wirkungsvollen Programms zur Reduzierung der Unterrichtsstörungen, damit die Lernpotenziale der lernberei-ten Schüler voll ausgeschöpft werden können und nicht der Dominanz einiger schwieriger Schüler geopfert werden. Unter diesem Gesichtspunkt wird die wirksame Behandlung von schwierigen Schülern nicht etwa in die Verantwortlichkeit des Einzellehrers übergeben, sondern sie wird zu einer systemi-schen Aufgabenstellung.

Zunächst ist uns nur selten bewusst, dass auch der lernbereite und brave Schüler zuweilen sehr viel Zuwendung und Hilfe braucht. Da gilt es, sehr aufmerksam auf mögliches Mobbing zu achten, denn der lernbereite Schüler ist nur selten bereit, dem Lehrer seine diesbezüglichen Leiden anzuvertrauen. Wenn der schwierige Schüler angegriffen wird, schreit er es laut in die Klasse. Der lernbereite Schüler neigt dazu, zu schweigen.

Auch der lernbereite Schüler braucht Aufmerksamkeit, hat seine Lernprobleme, die jedoch meist von den Eltern oder von Studienkreisen behoben werden, denn er kommt wegen der Dominanz der schwierigen Schüler nur selten zu einem kooperativen Gespräch mit dem Lehrer. Aber auch er braucht Verstärkung und Bestätigung. Leider hat der Leh-rer jedoch selten genug Zeit, um ihm Aufmerksamkeit und Anerkennung zu schenken.

4. Die Eltern schwieriger Schüler

Dass die aktuelle Situation der Eltern schwieriger Kinder nicht gerade positiv gesehen wird, ist wohl kein Geheimnis. Die forcierte Einrichtung von Ganztagsschulen als Beitrag zur Chancengleichheit wird interessanterweise häufig als Kompensation für erziehungsschwache Elternhäuser bzw. überforderte Alleinerziehende angepriesen. Es ist in der Tat so, dass mit dem Sinken der Leistungsfähigkeit der aktuellen Schülerschaft (s. PISA) die Erziehungskompetenz der Eltern immer stärker in Frage gestellt wird.

Und dies gilt natürlich in besonderem Maße für die Eltern der schwierigen Schüler. Nirgendwo wird diese einseitige Schuldzuweisung deutlicher als in den schulischen Ordnungsverfahren mit Elternbeteiligung. Die Zwiespältigkeit der offiziellen Sanktionsebene zeigt sich deutlich in der Elternposition bei diesen Verfahren: Zum einen werden die Eltern häufig in die Situation der Mitangeklagten gedrängt und sehen sich gezwungen, sich vehement gegen das System Schule zu verteidigen. Zum anderen fühlen sich viele Eltern als Anwälte in einem Strafverfahren und versuchen, ihre Kinder durch veränderte Schuldzuweisungen zu entlasten.

„Das muss an der Schule oder an den Lehrern liegen! Zu Hause haben wir keinerlei Probleme!"

Dass durch solche Rollenverteilungen eine fruchtbare Zusammenarbeit zwischen Schule und Elternhaus im Sinne einer Erziehungspartnerschaft kaum noch möglich ist, dürfte klar sein. Umso erstaunlicher ist die Tatsache, dass in vielen Fällen die Schule die Eltern im Rahmen der offiziellen Verfahren in die Pflicht nimmt und intensiv die Erfüllung der elterlichen Erziehungsaufgaben einfordert, ohne zu hinterfragen, ob die Eltern dieser schwierigen Schüler diese Aufgaben ohne entsprechende Hilfe bewältigen können oder unter Umständen schon seit Jahren wirklich alles in ihrer Macht stehende versucht haben, um ihr schwieriges Kind gut zu erziehen. Die Schule und die Eltern erschöpfen ihre Kooperation in diesen Schulordnungsverfahren allzu häufig in gegenseitigen Vorwürfen und zu selten in der Entwicklung gemeinsamer Hilfestrategien.

Die Eltern geben selbstverständlich oftmals der Schule die Schuld am ständigen Fehlverhalten der schwierigen Schüler. Allerdings sind die Lehrer, und häufig auch die Eltern der nicht auffälligen Schüler, sich darüber einig, dass die Hauptverantwortung bei den Eltern der schwierigen Schüler liegt. Dem entspricht auch das Bild, das die Eltern mittlerweile in der Beurteilung der öffentlichen Meinung zu haben scheinen. In der bereits erwähnten, 2006 von Stern-TV durchgeführten Internetumfrage zum Thema „Lehrer von heute" wurde auch die Frage *„Wenn immer mehr Schüler immer schlechtere Noten* *erhalten, wer ist hautsächlich daran Schuld?"* gestellt. Die Antwort war überraschend: Nur 20 % sehen die Verantwortung bei den Lehrern, 26 % bei den Schülern, aber eine Mehrheit von 54 % spricht die Schuld den Eltern zu. Der häufigste Vorwurf von Seiten der Lehrer besteht darin, dass die Eltern sich nicht ausreichend um die schulischen Belange ihrer Kinder kümmern.

Gerade in der Situation der schulischen Sanktionsmaßnahmen wehren die Eltern sich mit allen Mitteln, um sich und ihren Kindern zu beweisen, dass dieser Vorwurf haltlos ist. Im schlimmsten Fall wird der gesamte Sanktionsprozess auf die juristische Ebene verschoben, und der juristische Beistand nimmt die Interessenvertretung des Schülers an Stelle der Eltern wahr. Damit ist der Lehrer, angesichts der juristischen Keule, zur absoluten Hilflosigkeit verdammt. Seine Position wird noch stärker als zuvor untergraben, und sein Selbstbewusstsein nähert sich unvermeidlich dem Nullpunkt. Seine Motivation hinsichtlich pädagogischer Eingriffe geht ebenfalls vollkommen verloren, da er sich in einem Zustand ständiger Verunsicherung befindet. Die Eltern wiederum gewinnen vielleicht in einem solchen Verfahren juristisch die Oberhand, aber ihrem Kind ist damit in keiner Weise geholfen. Im Gegenteil, sie haben durch den Sieg über den Lehrer bzw. das System Schule deren Handlungskraft so stark geschwächt, dass eine erfolgreiche Einflussnahme auf den schwierigen Schüler absolut nicht mehr möglich sein wird.

Natürlich sind die gesetzlichen Verfahren die Endstufe der „Zusammenarbeit" zwischen Elternhaus und Schule. Sicher werden im Vorfeld dieser Verfahren Gespräche geführt, Lösungswege erörtert und gemeinsame Strategien entwickelt. Aber dies geschieht zu häufig auf einer konträren Ebene und zu selten auf partnerschaftlicher Basis. Denn die Schule stellt zwar Ansprüche an die Eltern, sie ist aber nur selten in der Lage, den Eltern Hilfen zur Erfüllung dieser Ansprüche anzubieten. Und besonders die Eltern der schwierigen Schüler brauchen Hilfe, um die Erziehungsaufgaben dem Schwierigkeitsgrad angemessen erfüllen zu können. Denn wir wissen aus der Erfahrung vieler Beratungen, dass die Schwierigkeiten im schulischen Bereich auch im häuslichen Umfeld bestehen und durch den Faktor Schule noch verschärft werden. Solange jedoch Eltern und Schule sich in unterschiedlichen Lagern mit vermeintlich unterschiedlicher Interessenslage gegenüberstehen, wird es keine kooperative Offenheit geben. Wer erzählt schon als Mutter oder Vater seinem Gegenüber, welche häuslichen und familiären Probleme es mit einem Kind gibt und wie überhaupt das außerschulische Umfeld aussieht, wenn nicht eine vertrauensvolle Grundstimmung zwischen den Gesprächspartnern herrscht. Diese mangelnde Vertrauensbasis zwischen Eltern und Schule überträgt sich natürlich auch auf das Kind, denn die Wertschätzung des Systems Schule wird im Elternhaus wesentlich geprägt.

Verantwortung von Lehrern und Schule

Wie sehr sich die Belastung des Gesamtkollegiums auch auf das Gesamtklima auswirkt, zeigt sich schon in der Pause im Lehrerzimmer. Wer kennt nicht das allgemeine Lamento über die Konflikte und Misserfolge der letzten Unterrichtsstunden, die die Kollegen sich von der Seele reden müssen? Das Lehrerzimmer, die große Pause werden zu einem Horrorszenario, zu dem fast jeder Kollege seinen Beitrag leistet, bis auf die am meisten Betroffenen, die schweigend versuchen, ihren Kummer zu überwinden. Hinzu kommen dann Auseinandersetzungen zwischen den Kollegen: *„Dein Kevin …!" – „Ich habe kein Problem mit dem Jungen. Bei mir ist der lammfromm!"* Hier wird ein systemisches Problem angesprochen, bei dem schließlich die Schulleitung gefordert ist! Und die Schulleitung stellt sich dieser Aufgabe schon aus Eigennutz. Denn es kann nicht angehen, dass die Schulleitung, als verlängerter Arm des Fachlehrers, ihre Autorität nur in der Disziplinierung schwieriger Schüler erschöpft. Ihre Aufgabe muss weit über die Funktion des Schreckgespenstes hinausgehen, um wirkungsvoll an dem Problem der Unterrichtsoptimierung arbeiten zu können.

Die Schulleitung weiß ganz genau, dass sie ein sehr gefährliches Terrain betritt, da es gerade im Bereich der Unterrichtsstörungen kaum Ehrlichkeit zwischen Schulleitung und Kollegen gibt. Wer gibt schon gerne zu, dass er „Disziplinschwierigkeiten" hat? Meist wird die Schulleitung in diesem Problemkreis außen vor gelassen. Sie lernt die schwierigen Schüler erst in der Endstufe der Ordnungsmaßnahmen kennen. Besonders die am meisten betroffenen Lehrer sind selten bereit, sich der Schulleitung anzuvertrauen, weil sie sich schämen. Viele Schulleitungen waren vom Ergebnis der anonymen Befragungen in unseren Fortbildungen überrascht. Sie hatten nicht gedacht, dass der Verlust an Unterrichtszeit durch Störungen so hoch war. Wegen der mangelnden Kommunikation über dieses Problem hatten sie diese wichtige Komponente des Schulklimas außer Acht gelassen.

Die meisten Schulleitungen ahnen schon, dass Unterrichtsstörungen ein systemisches Problem sind, und sie suchen einen unverfänglichen und nicht auf einzelne Kollegen zugeschnittenen Ausweg. Gemeinsam mit der Lehrerkonferenz und den Eltern sehen sie die Lösung oft darin, mit demokratischen Mitteln ein gemeinsames Netz von Vermeidungs- und Verhinderungsstrategien gegen Unterrichtsstörungen zu installieren. Dies endet dann in einem Regelwerk, auf das alle eingeschworen werden und das aus eigener Erfahrung und der Erfahrung aus Gesprächen mit ca. 30 Kollegien mit einem Frischhaltedatum von höchstens drei Monaten versehen ist. Zudem gibt es hierbei immer wieder Punkte, mit denen sich eine mehr oder weniger große Minderheit des Kollegiums nicht identifizieren kann. Diese Lehrer stehen dann vor der schweren Aufgabe, sich zwischen der kollegialen Verantwortung, der Konferenztreue und dem individuell authentischen Verhalten zu entscheiden!

Bei unseren Fortbildungen haben wir den Kollegen die Chance gegeben, sich offen zum Thema der individuellen Störwahrnehmung durch räumliche Zuordnung zu äußern. Auch in den Schulen, wo Kaugummis, Kappetragen, Trinken und Essen, aufreizende Kleidung im Unterricht verboten waren, konnte eine starke Minderheit bis zu einer knappen Mehrheit der Kollegen diesen einzelnen Punkten des allgemeinen Regelwerkes nicht zustimmen. Hier liegt auch die Gefahr solcher Konferenzbeschlüsse für die Schulleitung. Es bedarf einer starken Einflussnahme und ständiger Überprüfung, um solche Konferenzbeschlüsse einzuhalten. Trotzdem müssen wir die Behandlung des Themas „Unterrichtsstörungen durch schwierige Schüler" in die Verantwortung des Schulmanagements übergeben, da nur systemische Lösungen langfristige Erfolge zeitigen.

UNSERE ERFAHRUNGEN

Als Kollegium einer integrativ arbeitenden Hauptschule in Nordrhein-Westfalen mit 250 Schülern, von denen 45 Sonderschüler mit Lernbehinderungen und 16 Sonderschüler mit Erziehungsschwierigkeiten waren, hatten wir eine Situation erreicht, die mit den herkömmlichen Mitteln nicht mehr zu bewältigen war. Trotz Sondermaßnahmen und -programmen, trotz intensiver Beratungsarbeit und qualifizierter Unterstützung durch Sonderschullehrer zeigten sich kaum Erfolge bei der Konsolidierung der Unterrichtsarbeit. In dieser Notsituation hörten wir auf einer Tagung etwas von einem „Trainingsraum-Programm", das eine Möglichkeit zur wirkungsvollen und nachhaltigen Beseitigung von Unterrichtsstörungen bieten sollte. Nach den ersten Informationen über dieses Programm waren wir überzeugt, hier eine Struktur zu finden, die den besonderen Bedürfnissen unserer Schule angemessen war. Wir haben dann, nach weiteren kollegiumsinternen Fortbildungen und Entscheidungsprozessen, vor vier Jahren in der Lehrerkonferenz den Beschluss zum Einstieg in das Trainingsraum-Programm gefasst und diesen Beschluss bisher auch nicht bereut. Wir haben unseren eigenen Weg zur Nutzung des Trainingsraum-Programms gesucht und gefunden, den wir im Weiteren vorstellen wollen.

2.
Das Trainingsraum-
Konzept

Vorab zunächst einige Begriffsklärungen: Auf den ersten Blick scheint der Begriff „Trainingsraum-Programm" eher in den Sportbereich zu passen. E. Ford hat den Begriff „Trainer" für die Personen verwendet, die mit einer besonderen Ausbildung und Lizenz in diesem Raum arbeiten; und „Trainer" bedeutet hier „Erzieher". Demnach handelt es sich hier also um ein Erziehungsprogramm.

Im weiteren Verlauf wird häufig auch von einem Prozess die Rede sein. Es liegt in der Natur des Trainingsraum-Programms, dass es nicht wie eine statische Schablone in ein Schulsystem eingebracht wird, sondern als ein dynamischer Prozess in ständiger Bewegung ist und das System Schule permanent verändert.

Der Anwendungsbereich des Trainingsraum-Programms ist klar begrenzt auf Unterrichtsstörungen. An amerikanischen Schulen ist das Programm bereits weiterentwickelt worden und auf andere Bereiche, wie Hausaufgaben, Gewalt gegen Mitschüler u.Ä. ausgeweitet worden. Dies erscheint bei dem Prozesscharakter des Trainingsraum-Programms durchaus logisch und könte bei längerer Prozesserfahrung auch an deutschen Schulen möglich sein. Die drei Regeln des Trainingsraum-Programms – denn mehr als drei Regeln braucht der Prozess nicht – beziehen sich hier allein auf die Behebung von Unterrichtsstörungen:

1. Jeder muss die Rechte des anderen respektieren.

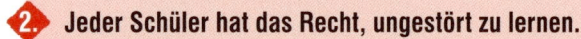
2. Jeder Schüler hat das Recht, ungestört zu lernen.

3. Jeder Lehrer hat das Recht, ungestört zu unterrichten.

Die Prozessstruktur von E. Ford gilt verbindlich für alle Schulen, die das Programm anwenden. Auch wir haben diese Struktur ohne standortspezifische Veränderung an unserer Schule übernommen. Es ist jedoch aus Rückmeldungen bekannt, dass von uns moderierte Schulen versucht haben, auch in der Prozessstruktur standortspezifische Änderungen einzuführen. Dies ist durchaus möglich, aber wir weisen diese Schulen darauf hin, dass sie dann nicht mehr mit dem Trainingsraum-Programm, sondern mit einem eigenen Programm zur Störungsvermeidung arbeiten.

Das Trainingsraum-Programm ist ein Schlichtprogramm mit einer einfachen, leicht erkennbaren und durchschaubaren äußeren Struktur, die absolut zuverlässig und unverändert ist. In der folgenden Abbildung werden die drei Schritte des Trainingsraum-Programms im Klassenraum erklärt:

Die Umsetzung des Trainingsraum-Programms in der Klasse

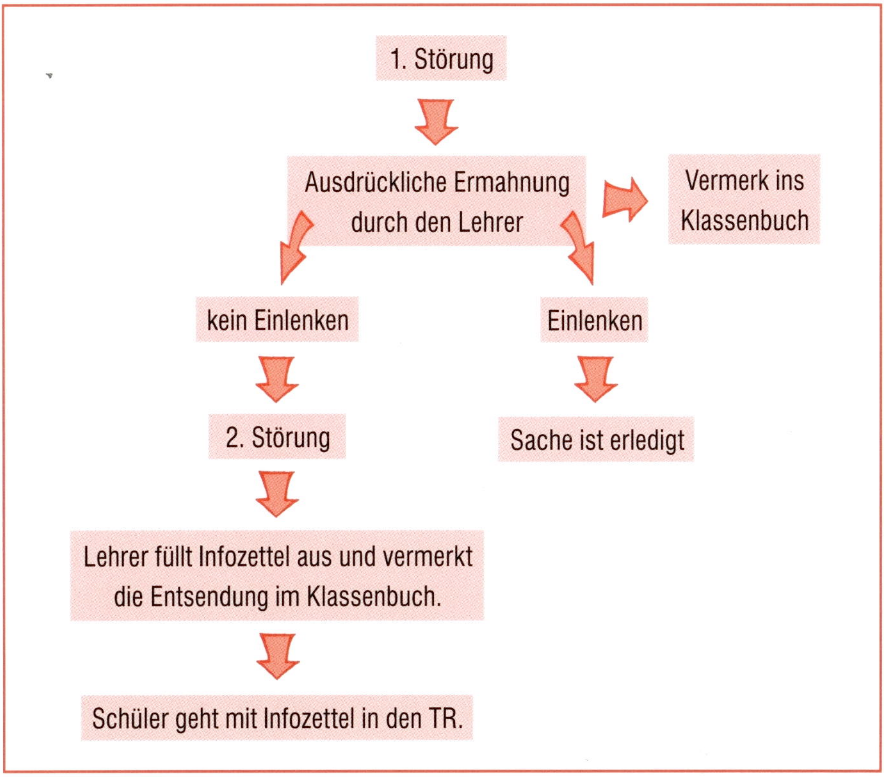

1. Störung

Ausdrückliche Ermahnung durch den Lehrer

Vermerk ins Klassenbuch

kein Einlenken

Einlenken

2. Störung

Sache ist erledigt

Lehrer füllt Infozettel aus und vermerkt die Entsendung im Klassenbuch.

Schüler geht mit Infozettel in den TR.

1. **Im Klassenraum**

◼ Die ausdrückliche Ermahnung

Als Erstes erteilt der Lehrer im Fall der Unterrichtsstörung eine ausdrückliche Ermahnung. Er macht einen kurzen Vermerk ins Klassenbuch oder an die Tafel. Wenn der Schüler die Störungen ab jetzt unterlässt, ist die Sache erledigt. Sollte der Schüler die Störung fortsetzen oder durch eine andere Aktion den Unterrichtsfluss nochmals unterbrechen, erfolgt die Entsendung in den Trainingsraum. Der Lehrer füllt den Infozettel für den Lehrer im Trainingsraum aus und schickt den Schüler mit diesem Zettel in den Trainingsraum.

Ganz so einfach wie oben geschildert, ist der Ablauf allerdings nicht immer. Der Teufel, bzw. die Problematik steckt wie immer im Detail, wie die einzelnen Prozessschritte zeigen: Sobald der Lehrer eine ausdrückliche Ermahnung erteilt, tritt er in den Prozess des Trainingsraum-Programms ein. Dabei ist sogar die Formulierung als ritueller und deutlicher Bestandteil des Prozesses von Bedeutung:

 **„Du störst den Unterricht. Ich gebe dir eine ausdrückliche Ermahnung. Möchtest du weiter am Unterricht teilnehmen oder in den Trainingsraum gehen?"**

So oder ähnlich neutral und unmissverständlich wird dem Schüler klargemacht, dass er den Unterrichtsfluss nachhaltig stört. Die ausdrückliche Ermahnung wird schriftlich vermerkt, hat aber zunächst keinerlei Folgen für den Schüler. Er nimmt weiter am Unterricht teil, wenn er sich nicht in eigener Verantwortung für die Beratung im Trainingsraum entscheidet. Die Ermahnung ist zwar der erste Schritt in den Prozess, muss aber nicht die erste pädagogische Maßnahme zur Vermeidung von Unterrichtsstörungen sein. Es kann im Vorfeld schon intensive Blickkontakte, namentliche Ansprache, kurze informelle Ermahnung, Hand auf die Schulter legen u.Ä. geben. Bei vielen Schülern reicht dies zur Beruhigung aus, bei den schwierigen Schülern häufig jedoch nicht. Hier muss rechtzeitig ein deutlicheres Zeichen gesetzt werden.

 Mit der ausdrücklichen Ermahnung erhält der Schüler eine „gelbe Karte", die ihn auf sein Fehlverhalten aufmerksam macht. Er weiß jetzt, dass er den Unterricht mit seinem Verhalten stört und hat die Chance, dieses Verhalten zu unterlassen, ohne sanktioniert zu werden. Vor allem aber wird ihm zeitnah klargemacht, wo die störende Wirkung seines Verhaltens liegt, welches Handlungsmuster die Störung ausgelöst hat.

Der Lehrer ist seinerseits natürlich gehalten, bei der ersten nachhaltigen und schwerwiegenden Störung sehr schnell mit der ausdrücklichen Ermahnung in den Prozess einzutreten. So kann er das häufig vorkommende flächenbrandartige Ausbreiten von Störungen im Keim ersticken. In einer solchen „Flächenbrandsituation" ist es nämlich sehr schwierig, den Verursacher der Initialstörung genau zu benennen, und da der Lehrer seinen Blick auf die schwierigen Schüler fokussiert, erwischt er oft den Falschen, und schon ist der Konflikt ausgelöst. Außerdem macht der Lehrer durch eine deutliche Grenzsetzung mit der richtig eingesetzten ausdrücklichen Ermahnung der Klasse sofort klar, wann seine Toleranzbereitschaft überschritten wird. Insofern hat die rechtzeitig eingesetzte ausdrückliche Ermahnung auch auf die Gesamtgruppe eine beruhigende

Wirkung. Diese Nebenwirkung der ausdrücklichen Ermahnung kommt den Lehrern besonders im Vertretungsunterricht zu Gute, weil sie hierdurch ein Zeichen über ihre eigene Befindlichkeit und vor allem Empfindlichkeit setzen. Und für die Schüler, und hier besonders für die schwierigen Schüler, ist so der erste Schritt zur Selbstwahrnehmung eingeleitet. Der schwierige Schüler verfügt nun einmal über reduzierte Möglichkeiten der Selbstwahrnehmung und Eigenkontrolle und erhält durch die ausdrückliche Ermahnung einen deutlichen Hinweis auf die Normabweichung seines Verhaltens. Da dieser Hinweis mit keinerlei Sanktion verbunden ist, wird er auch ohne Widerspruch aufgenommen. Das weitere Unterrichtsverhalten wird in die eigene Verantwortung des Schülers gegeben, wobei dieser nun weiß, dass sein Verhalten unter Umständen unvermeidbare Konsequenzen für ihn haben wird.

◼ Die Verantwortung des Lehrers

Der Lehrer ist seinerseits durch den Eintritt in die erste Phase des Prozesses für die weitere Wahrung der Prozessstruktur verantwortlich:

✔ Er kann, im eigenen Interesse, in der Folge nicht etwa beliebig viele weitere Ermahnungen erteilen, wenn die gezeigten Verhaltensmuster zu weiteren nachhaltigen Unterrichtsstörungen führen.

✔ Er muss im weiteren Verlauf konsequent bleiben, sonst verliert er an Glaubwürdigkeit und der Prozess an Zuverlässigkeit und Klarheit.

Diese beiden Prozesskomponenten sind gerade für den schwierigen Schüler von größter Bedeutung, da er sich dadurch an einer fest vorgegebenen Struktur orientieren kann und nicht ständigen Anforderungsschwankungen ausgesetzt ist. Durch diese Prozessautomatik ist der Zeitpunkt der ausdrücklichen Ermahnung auch für den Lehrer eine kritische Angelegenheit. Es gilt, sehr genau abzuwägen, wann diese ausdrückliche Ermahnung angebracht ist und bis zu welchem Zeitpunkt andere pädagogische Maßnahmen zur Beruhigung ausreichen. Hier greift die Eigenverantwortung des Lehrers, aber auch die Prozesserfahrung. Wir konnten z.B. bei der Evaluation unserer Fortbildungen feststellen, dass Kollegen, die den Prozess nur sporadisch nutzten oder erst bei einer sehr deutlichen Normabweichung in den Prozess eintraten, durchweg negative Erfahrungen mit dem Prozess hatten. Diese Kollegen waren von der Effizienz des Prozesses enttäuscht und sahen sich in ihrer skeptischen Haltung bestätigt.

Andererseits verlieren die Kollegen, die auch bei geringfügigen Störungen nur noch die ausdrückliche Ermahnung als pädagogische Handlungsstrategie anwenden, an Glaubwürdigkeit. Wenn der Lehrer durch den vorzeitigen Eintritt in den Prozess die Freude und das Lachen aus dem Klassenzimmer verbannt, hat er die Ziele des Prozesses nicht genügend gewürdigt. Deshalb ist der Zeitpunkt der ausdrücklichen Ermahnung eine Frage der Prozesserfahrung und des pädagogischen Fingerspitzengefühls.

1. **Die ausdrückliche Ermahnung wird mündlich ausgesprochen.**

2. **Die ausdrückliche Ermahnung wird schriftlich festgehalten.**

3. **Es werden nicht beliebig viele Ermahnungen ausgesprochen.**

4. **Das Verhalten muss konsequent sein.**

Die ausdrückliche Ermahnung ist nicht nur für den störenden Schüler, sondern für die gesamte Klasse ein deutliches Signal: Hier steht ein Lehrer, der den Trainingsraum-Prozess nutzt, der die lernbereiten Schüler schützt und Störungen konsequent bearbeitet. Dieses Signal hat in den meisten Fällen eine sehr beruhigende Wirkung auf die Gesamtgruppe, denn der Lehrer hat auch seine aktuelle Toleranzschwelle für alle Schüler offengelegt. Wir müssen aber auch dem konsequenten und um Gerechtigkeit und Ausgeglichenheit bemühten Lehrer das Recht zugestehen, nach einer nicht so schlafreichen Nacht eine dünnere Haut als sonst zu haben. Damit verbunden ist auch eine höhere Empfindlichkeit für Störungen, die der Lehrer aber auch durch die Anwendung der ausdrücklichen Ermahnung nach außen zeigen kann.

■ Die Wirkung ausdrücklicher Ermahnungen …

… in einer 5. Klasse:

Bleibt noch die Frage nach der Wirksamkeit der ausdrücklichen Ermahnung. Wir haben uns zu diesem Zweck eine 5. Klasse angesehen. Von den 16 Schülern dieser Klasse wurden sehr bald vier Schüler als schwierig erkannt und im späteren Verlauf nach einem entsprechenden Verfahren als Schüler mit sonderpädagogischem Förderbedarf Erziehung definiert. Anhand der folgenden Jahresstatistik lässt sich die Wirksamkeit der ausdrücklichen Ermahnung aus der Praxis erläutern:

	September	Dezember	März	Juli
Schüler A	*16 A davon 11 TR*	*2 A*	*21 A davon 13 TR*	*7 A davon 3 TR*
Schüler B	*4 A davon 0 TR*	*–*	*6 A davon 3 TR*	*10 A davon 7 TR*
...				
Schüler D	*9 A davon 7 TR*	*3 A davon 1 TR*	*1 A*	*9 A davon 4 TR*
...				
Schüler G	*–*	*2 A davon 1 TR*	*4 A*	*12 A*
Schüler K	*–*	*1 A*	*1 A*	*3 A*
...				
Schüler M	*–*	*–*	*1 A*	*–*

Ausschnitt aus der Jahresstatistik einer 5. Klasse

Legende:
A = Ausdrückliche Ermahnung
TR = Trainingsraumentsendung
Aus = Ausschluss

Bei 168 ausdrücklichen Ermahnungen an „normale Schüler" wurde nur in elf Fällen die Unterrichtsstörung wiederholt und es erfolgte eine Entsendung in den Trainingsraum. Hier ist ein hoher Wirksamkeitsgrad der ausdrücklichen Ermahnung für den „normalen" Schüler erkennbar. Der Begriff des „normalen" Schülers ist so zu verstehen, dass diese normalen Schüler dem erwarteten Normverhalten entsprechen. Der normale Schüler erkennt durch die ausdrückliche Ermahnung, dass sein Verhalten von der Norm abweicht, den Unterrichtsfluss unterbindet und damit gegen die Regeln verstößt. Er ist durch diese Information in der Lage, sein Verhalten zu ändern.

Ganz anders sieht die Situation der schwierigen Schüler dieser Klasse aus: Zum einen zeigen diese Schüler von Beginn an deutliche Normabweichungen, die auch in den Grundschulen schon registriert worden sind, zum anderen haben diese Schüler bisher noch keine, ihren Schwierigkeiten angemessene sonderpädagogische Förderung erhalten. Nur bei einem der vier Schüler ist bisher ärztliche Hilfe in Anspruch genommen worden. Was die Wirksamkeit der ausdrücklichen Ermahnung bei diesen Schülern betrifft, so ist die Jahresstatistik ernüchternd: Bei insgesamt 369 ausdrücklichen Ermahnungen kam es in 202 Fällen zu einer Fortführung des Störverhaltens und damit zu einer Entsendung in den Trainingsraum. Was vordergründig wie ein Versagen des Trainingsraum-Programms bei diesen Schülern aussieht, muss bei genauerer Analyse anders beurteilt werden. Es handelt sich bei diesen Schülern in allen vier Fällen um extrem schwierige

Schüler mit deutlichem Aufmerksamkeitsdefizitsyndrom mit Hyperaktivität (ADHS), die nur sehr begrenzt zu einer Selbstwahrnehmung und noch weniger zu einer Selbstkontrolle fähig waren. Wenn diese Schüler in 45 % aller Unterrichtsstörungen ihr Verhalten nach der ausdrücklichen Ermahnung so weit verändern konnten, dass der Unterricht in der Klasse störungsfrei verlief, so ist dies ein deutlicher Fortschritt gegenüber anderen Verhaltensregulativen, wie z.B. Sanktionen. Um auch die Anzahl der ausdrücklichen Ermahnungen zu relativieren, sei daran erinnert, dass diese Statistik 200 Unterrichtstage mit insgesamt ca. 1300 Unterrichtsstunden erfasst. Angesichts dieser Stundenzahl sind 369 ausdrückliche Ermahnungen sehr wenig, bedeuten sie doch, dass in nur jeder dritten bis vierten Stunde einer der Schüler eine ausdrückliche Ermahnung erhielt. In der übrigen Zeit konnten diese Schüler weitgehend störungsfrei am Unterricht teilnehmen.

... in einer 9. Klasse:

So deutlich wie in der 5. Klasse ist die Relation zwischen ausdrücklicher Ermahnung und Entsendung in den Trainingsraum nicht in allen Klassen und Altersstufen erkennbar. Zum Vergleich die Jahresdaten einer 9. Klasse mit 6 schwierigen Schülern, von denen Schüler A als sonderpädagogisch förderbedürftig in der emotionalen und sozialen Entwicklung eingestuft war:

	März	April	Juni	Juli
Schüler A	21 A davon 13 TR	–	7 A davon 3 TR	2 A
Schüler B	6 A davon 3 TR	6 A davon 3 TR	18 A davon 11 TR	10 A davon 7 TR
...				
Schüler D	1 A	1 A	13 A davon 7 TR	9 A davon 4 TR
...				
Schüler G	4 A davon 1 TR	4 A	6 A	3 A
Schüler K	5 A	1 A	–	3 A
...				
Schüler M	1 A	–	1 A	–

Ausschnitt aus der Jahresstatistik einer 9. Klasse

Legende:
A   = Ausdrückliche Ermahnung
TR = Trainingsraumentsendung
Aus = Ausschluss

Wir stellen bei dem besonders schwierigen Schüler ebenfalls eine Wirkungsquote von ca. 50 % fest, während bei den übrigen als schwierig anzusehenden Schülern die ausdrückliche Ermahnung bei 75 % der Störungen zu einer Konsolidierung des Verhaltens führte. Bei den anderen Schülern dieser 9. Klasse ist zu erkennen, dass zum einen die Störanfälligkeit mit insgesamt 113 ausdrücklichen Ermahnungen für diese 21 Schüler auffallend gering ist und die Wirksamkeitsquote der ausdrücklichen Ermahnung bei 85 % liegt. Diese Größenordnung gilt für die gesamte Oberstufe.

Der Effizienzgrad liegt in diesen Klassen bei 85 bis 93 %. Wenn die ausdrückliche Ermahnung eine so deutliche Wirkung bei vielen Schülern hat, so kann zum einen dadurch begründet sein, dass diese Schüler die Entsendung zum Trainingsraum als negativen Eingriff sehen und damit dieser Entsendung einen sanktionären Anstrich geben. Vielen Schülern reicht der Hinweis durch die ausdrückliche Ermahnung aus, um die Disziplinierung zu veranlassen.

◼ Die Entsendung in den Trainingsraum

Die Verantwortlichkeit für die Entsendung liegt nach den Regeln beim Schüler. Der Lehrer registriert lediglich eine erneute Unterrichtsstörung und ist jetzt gehalten, den Schüler mit einem entsprechenden Infozettel in den Trainingsraum zu entsenden. Dabei sollte er den Schüler nicht „rauswerfen" oder wegschicken, sondern die Entscheidung des Schülers zu weiterem Störverhalten ernst nehmen und ihm die Chance zu einer Beratung im Trainingsraum geben! Und diese Entscheidung sollte auch nicht ironisch kommentiert werden, sondern in professioneller Objektivität ausgedrückt werden. Der Lehrer braucht sich nicht aufzuregen, er braucht sich nicht mit dem Schüler auseinanderzusetzen, er muss sich keine Ausreden anhören, er muss nur einen Informationszettel für den Trainingsraum-Lehrer ausfüllen und den Schüler zur Beratung in den Trainingsraum entsenden. Dann kann er sich wieder dem Unterricht zuwenden. Alles andere läuft in der angemessenen Atmosphäre im Trainingsraum ab.

Wir werden in den Fortbildungen immer wieder nach den bürokratischen Belastungen des unterrichtenden Lehrers im Rahmen des Prozesses gefragt. Und wir können immer nur bestätigen, dass der Lehrer in der Klasse nur das Formular zur Entsendung in den Trainingsraum ausfüllen muss. Alles andere, besonders die ausführliche Dokumentation, aber auch die Elternbenachrichtigungen, die Information der Klassenlehrer oder die Information der Schulleitung über anstehende Gespräche werden vom Trainingsraum-Team erledigt (s. S. 41).

Das Entsendungsformular muss folgende Informationen enthalten:

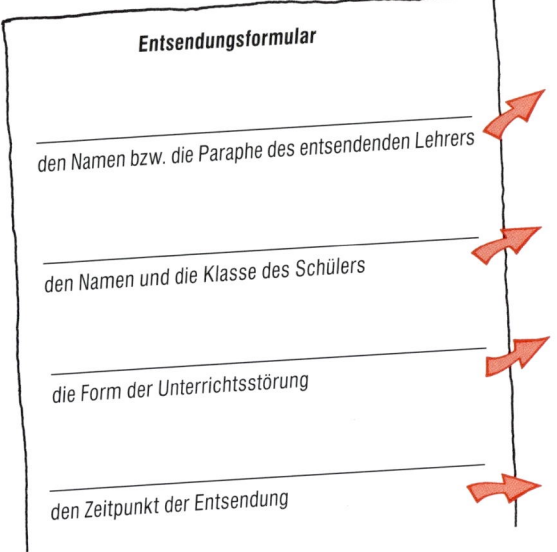

Entsendungsformular

den Namen bzw. die Paraphe des entsendenden Lehrers

den Namen und die Klasse des Schülers

die Form der Unterrichtsstörung

den Zeitpunkt der Entsendung

… damit der Trainingsraum-Lehrer weiß, wer den Schüler entsandt hat. Er kennt die Kollegen und er kennt auch ihre Empfindlichkeiten und kann so den Schüler angemessener beraten.

… werden für die Dokumentationen benötigt. Es werden jedoch nur die Entsendungen der Schüler und nicht die Namen der entsendenden Lehrer dokumentiert!

… aus der Sicht des Lehrers muss dem Trainingsraum-Lehrer bekannt sein, da die schwierigen Schüler selten ihr eigenes Verhalten reflektieren können.

… dient dem Schutz der Prozessstruktur. Es muss gewährleistet sein, dass der Schüler ohne Umwege in den Trainingsraum geht.

In diesem Informationsrahmen kann jede Schule ihr eigenes Formular entwickeln, es muss nur die aufgeführten Komponenten enthalten. Im Anhang auf S. 137 ff. finden Sie deshalb vier Kopiervorlagen, die den verschiedenen Schulsystemen angepasst sind. Sie können diese übernehmen oder als Anregung nutzen.

Die Sanktion des schwierigen Schülers, z.B. mit einer Strafarbeit einschließlich der Kontrolle und der eventuellen Auseinandersetzungen, kostet sehr viel mehr Zeit und Nervenkraft als die Entsendung in den Trainingsraum. Außerdem ist durch die Entsendung die Störung zunächst unterbrochen. Der Ausschluss des schwierigen Schülers vom Unterricht ist jedoch nicht der eigentliche Sinn des Prozesses. E. Ford formuliert in seinem Artikel „Teaching Respect Using RTP" (**www.responsiblethinking.com**) das Ziel des Prozesses so: *„Es ist nicht das Ziel des Prozesses, das Verhalten zu kontrollieren. Es ist auch nicht das Ziel, die Schüler zu verändern, noch eine brave Klasse zu haben, noch die Schüler in Reih und Glied zu bringen. Vielmehr ist es das Ziel, eine Atmosphäre des Respekts zu schaffen."* Mit dieser Zielvorstellung wird die Funktion der Entsendung und der Beratung im Trainingsraum angesprochen. Sicher ist gerade der schwierige Schüler nicht begeistert, wenn er zur Beratung in den Trainingsraum gehen muss. Immerhin wird ihm die Bühne entzogen und er verliert seinen Einfluss auf die Klasse. Aber der entsendende Lehrer kann durch die Entsendung, d.h. durch gelassene, zugewandte Ansprache des Schülers die Situation entscheidend entschärfen.

2. Im Trainingsraum

Die Trainingsraum-Lehrer sind besonders auf ihre Aufgabe vorbereitet worden. Zwar gehört die Beratung zu den grundsätzlichen beruflichen Aufgaben des Lehrers, aber die Beratung von schwierigen und auch weniger schwierigen Schülern im Trainingsraum hat andere Bedingungen als die Laufbahn- oder Förderberatung, als die Schülerberatung bei Konflikten mit Kollegen oder Mitschülern oder auch die Elternberatungen bei Sprechtagen. Im Trainingsraum geht es im Wesentlichen um vertrauensbildende Beratungen, die eine große Offenheit auf beiden Seiten erfordern. Der Trainingsraum-Lehrer muss spezielle Beratungstechniken kennen, damit der Schüler zu einem effektiven Beratungsgespräch bereit ist. Dazu gehört, neben dem ritualisierten Beratungsablauf, auch ein hohes Maß an Einfühlungsvermögen und Fingerspitzengefühl. All dies ist weitgehend trainierbar und jeder Lehrer, der sich für diese Arbeit entscheidet, kann diese Beratung im Trainingsraum nach entsprechender Fortbildung durchführen. Es handelt sich hier nicht um eine herausgehobene Qualifikation von besonders guten Lehrern. Allerdings ist eine volle Identifikation mit den Prozessstrukturen grundsätzliche Vorbedingung für diese Aufgabe. Gerade bei der Aufnahme des Gespräches mit dem schwierigen Schüler ist ein hohes Maß an Offenheit und Geduld erforderlich, was nicht unbedingt jeder Lehrer aufbringen möchte. Dabei hat der Beratungslehrer im Trainingsraum natürlich einen wesentlichen Vorteil gegenüber den üblichen Beratungssituationen:

- ✔ Er ist in der Regel nur für eine ganz bestimmte, kurze Verhaltenssituation zuständig.

- ✔ Er selbst hatte keinen Stress mit dem Schüler und kann ihm gelassen und ohne Vorbehalt entgegentreten.

- ✔ Der Schüler weiß, dass dieser Lehrer ihm helfen und ihn wegen seines Verhaltens nicht tadeln oder gar bestrafen will.

Unsere Trainingsraum-Lehrer sagen aus eigener Erfahrung, dass sie selbst Schüler, deren Klassenlehrer sie sind, im Trainingsraum professionell beraten können. Das schließt nicht aus, dass sie als Klassenlehrer später pädagogische Hilfen zur Bewältigung von Verhaltensproblemen anbieten.

■ Die Beratung

Die Beratung im Trainingsraum ist das Kernstück des Trainingsraum-Programms. Hier wird die Weichenstellung zur Verhaltensreflektion und zur möglichen Verhaltensänderung vollzogen. Bei den Beratungen finden die schwierigen Schüler die Zuwendung und Aufmerksamkeit, die sie im Unterricht bisher nur durch ihr Störverhalten erreichen konnten. Die Beratung im Trainingsraum hat, wie alle übrigen Prozessschritte, eine klare und absolut zuverlässige Struktur. Diese Klarheit ist für die schwierigen Schüler von besonderer Bedeutung, zumal diese allgemeine, unumstößliche Gültigkeit ihrem Gerechtigkeitsempfinden entgegenkommt. Hier werden, wie im gesamten Prozess, alle Schüler gleich behandelt.

Die Beratung im Trainingsraum ist der innovative Faktor im Prozess. Ausschlüsse aus dem laufenden Unterricht und Gespräche mit schwierigen Schülern wurden auch bei unseren Moderationen immer wieder als pädagogische Eingriffe bei verhaltensauffälligen Schülern angeführt. Bei der Beratung geht es um gegenseitigen Respekt.

> *„Wer das Trainingsraum-Programm anwendet, vermittelt dem Schüler Respekt. Als Erstes vermittelt man Respekt, indem man dem zuhört, was der Schüler sagt, ohne jede Kritik an seinen Ausführungen und ohne jeden Versuch, seine Antworten zu manipulieren." (E. Ford)*

Hier macht besonders der schwierige Schüler eine völlig neue Erfahrung. Er kann sich ohne Einschränkung – nur Beleidigungen gegen beteiligte Lehrer werden unterbunden – zu seinem Verhalten äußern. Dabei ist der schwierige Schüler durch die stark reduzierte Fähigkeit zur Selbstwahrnehmung in der eigenen Einschätzung zunächst meist unschuldig:

◆ ◆ ◆ ◆ „Ich habe nichts getan und musste trotzdem in den Trainingsraum!" ◆ ◆ ◆ ◆

Und diese Ausrede ist nicht etwa eine Lüge, sie entspricht durchaus der Wahrnehmung des schwierigen Schülers. Und das muss auch der beratende Lehrer im Trainingsraum zunächst akzeptieren.

Die Beratung im Trainingsraum

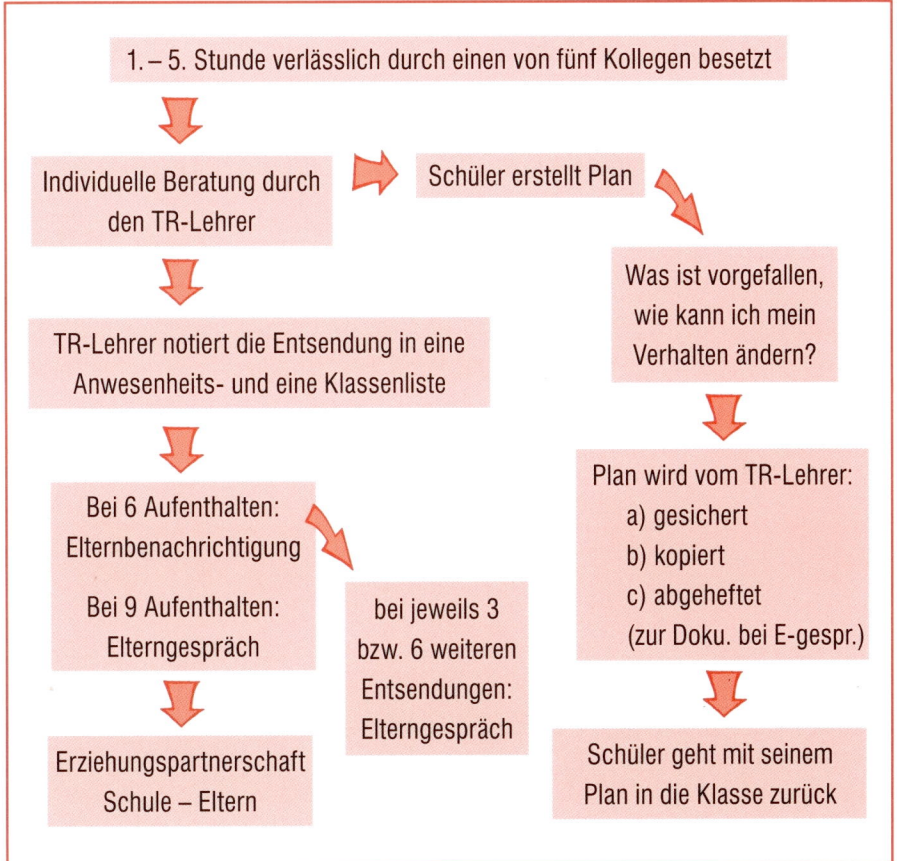

1. – 5. Stunde verlässlich durch einen von fünf Kollegen besetzt

Individuelle Beratung durch den TR-Lehrer

Schüler erstellt Plan

Was ist vorgefallen, wie kann ich mein Verhalten ändern?

TR-Lehrer notiert die Entsendung in eine Anwesenheits- und eine Klassenliste

Plan wird vom TR-Lehrer:
a) gesichert
b) kopiert
c) abgeheftet
(zur Doku. bei E-gespr.)

Bei 6 Aufenthalten: Elternbenachrichtigung

Bei 9 Aufenthalten: Elterngespräch

bei jeweils 3 bzw. 6 weiteren Entsendungen: Elterngespräch

Erziehungspartnerschaft Schule – Eltern

Schüler geht mit seinem Plan in die Klasse zurück

1. Phase:

Der Einstieg

Die Möglichkeit zur Meinungsäußerung zu Beginn der Beratung ist für die Schaffung einer Vertrauensbasis von besonderer Bedeutung. Der schwierige Schüler gewinnt an Sicherheit und Vertrauen, wenn er sich dem Trainingsraum-Lehrer gegenüber offen äußern kann. Selbst wenn er trotz mangelnder Schuldeinsicht aufgebracht und manchmal sogar wütend den Raum betritt, so verändert sich seine Stimmung sehr schnell, wenn er das vermeintlich erlittene Unrecht vor dem Trainingsraum-Lehrer ausbreiten kann. Der Lehrer selbst kann durchaus gelassen bleiben, denn er ist ja weder Auslöser des Unrechtes noch Ziel des Schülerangriffs. Er ist neutraler Zuhörer und vermittelt dem schwierigen Schüler, dass er ihn ernst nimmt und ihm volle Aufmerksamkeit schenkt. Der beratende Lehrer kennt zwar die Darstellung des entsendenden Lehrers durch das Informationsformular, aber er lässt den Schüler trotzdem ohne Einflussnahme reden. Dazu hat der Lehrer in der Klasse weder die Zeit noch die Nerven. Die normalen Schüler sind beim Eintritt in den Trainingsraum meist sehr viel kooperativer. Sie wissen zum größten Teil genau, weshalb sie entsandt worden sind und wollen möglichst kurz beraten werden und schnell wieder zur Klasse zurückkehren: *„Ich weiß, was ich gemacht habe; ich weiß auch, was ich ändern muss. Kann ich bitte das Formular für den Rückkehrplan haben?"* – Weshalb nicht? Umso mehr Zeit hat der Lehrer für den schwierigen Schüler.

2. Phase: **Respekt**

Bei schwierigen oder weniger einsichtigen Schülern tritt der beratende Lehrer nach der Anhörung in die zweite Phase der Beratung ein.

> *„Anschließend, wenn er dazu bereit und gewillt ist, vermittelt man ihm Respekt, indem man ihm hilft, sich darauf zu konzentrieren, wie er die anderen gestört und gegen die Grundregeln verstoßen hat." (E. Ford)*

Es bedarf schon einiger Geduld und großen Einfühlungsvermögens, um diesen zweiten Schritt in respektvoller Weise anzugehen. Will der Lehrer zu früh in diese Phase eintreten, hat der Schüler das Gefühl, dass man ihm schon wieder nicht zuhört und seine Argumente nicht richtig wertet. Damit wäre die Chance der Vertrauensgrundlage vertan. Der beratende Lehrer muss gerade bei dem schwierigen Schüler sehr sensibel agieren, damit der Schüler bereit ist, in die zweite Phase der Beratung einzutreten. Denn hier geht es letztendlich um das Kernproblem des Schülers. Er muss erkennen, wo die Normabweichung seines Verhaltens gelegen hat, schlimmstenfalls muss er sein Verhalten überhaupt erst einmal erkennen. Wenn es um die Störqualität des Verhaltens geht – und gerade die wird vom schwierigen Schüler oft falsch eingeschätzt (*„Ich habe doch nur ..."*) –, dann hilft oft ein Rollentausch in der Beratung: *„Stelle dir einmal vor, du wärst der unterrichtende Lehrer oder du hättest als Schüler etwas nicht verstanden, was für dich sehr wichtig ist! Welche Auswirkung hätte das von dir gezeigte Verhalten auf dich als unterrichtenden Lehrer oder als lernbereiten Schüler?"*

Auch diese Methode beweist dem Schüler, dass er vom Trainingsraum-Lehrer ernst genommen wird. Er darf sich in die Rolle eines Lehrers oder eines lernbereiten Schülers versetzen. Er kann unter dem neuen Blickwinkel seine Handlungsweise und deren Wirkung auf den Unterricht und die daran Beteiligten reflektieren. Hier liegt der wesentliche

Unterschied zu den übrigen Strategien zur Verhaltensänderung. Der Schüler denkt über sein Verhalten nach und wird bei dieser Reflektion vom Lehrer unterstützt. Er überlegt zwar eigenverantwortlich, aber nicht ohne Hilfe des Beratungslehrers und nicht ohne eine feste Regelstruktur. Er muss seine Gedanken und Vorstellungen schon an den drei Grundregeln des Prozesses orientieren. Dabei ist es die Aufgabe des beratenden Lehrers, dem Schüler bei der Fokussierung auf das Störverhalten zu helfen. Sollten sich bei der Beratung noch andere Aspekte von Verhaltensstörungen, eventuell auch außerhalb des Unterrichtes, ergeben, so sollte der Lehrer dem Schüler einen weitergehenden Beratungstermin anbieten, für den der schulische Beratungslehrer eingeschaltet werden sollte. Denn eines ist wohl klar: Der Schüler mit überdurchschnittlich häufigen Entsendungen hat meist auch über den Unterricht hinausreichende Probleme, die besprochen werden müssten, aber im Prozess nicht unmittelbar angesprochen werden können. Auf jeden Fall muss auch in dieser Prozessphase der Schüler das Gefühl behalten, respektvoll behandelt zu werden. Dann sind die Aussichten auf einen ehrlichen Problemlösungsvorschlag des Schülers recht groß, auch wenn die nachhaltige Wirkung dieses Vorschlages beim schwierigen Schüler ad hoc unwahrscheinlich ist.

■ Der Rückkehrplan

„Drittens bringt man ihm Respekt bei, wenn man akzeptiert, was er sagt und ihm durch Fragen hilft, das Problem zu lösen, wenn er dazu bereit ist."
(E. Ford)

Der schwierige Schüler wird die Tatsache, dass er selbst Lösungen finden soll, vielleicht als Überforderung sehen. Es liegt am beratenden Lehrer, dem Schüler möglichst viel Eigenverantwortung zu belassen und möglichst wenig Einfluss auf die Lösungen zu nehmen. Mit respektvollen und dezenten Denkanstößen versucht er, die Schüler in die richtige Richtung zu lenken. Hier geht es um kleinschrittige, überschaubare Änderungsabsichten, die langsam zu einer Verbesserung des Verhaltens führen könnten (s. Kopiervorlage „Der Rückkehrplan", S. 141). Hier geht es aber auch um Veränderung der Verhaltensziele. Wir müssen uns darüber im Klaren sein, dass der Schüler mit seinem Verhalten ein ganz bestimmtes, ihm selbst kaum bewusstes Ziel verfolgt. Dieses Ziel könnte z.B. sein, die Aufmerksamkeit des Lehrers zu gewinnen. Wenn der schwierige Schüler dies nicht mit guten Leistungen schaffen kann, versucht er es – meist sehr erfolgreich – über das Störverhalten.

Deshalb ist es für die Beratung nicht nur wichtig, Änderungsstrategien für das Verhalten zu entwickeln, sondern dem Schüler auch andere Zielperspektiven zu eröffnen. Der beratende Lehrer kann hier allerdings nicht besserwisserisch arbeiten, er muss dem Schüler den nötigen Freiraum zur Eigenverantwortung lassen. Auf der anderen Seite gibt es durchaus wünschenswerte und akzeptierte Hilfen, die dem schwierigen Schüler wirklich gut tun. Es ist z.B. falsch, wenn der Lehrer bei einem unrealistischen Rückkehrplan sagt: *„Das kannst du nicht schaffen!"* Auch wenn der schwierige ADHSler schreibt: *„Ich will nicht mehr stören!"*, ist es wenig förderlich, wenn der Lehrer dieses Ziel rundweg als unrealistisch bezeichnet. Es ist jedoch sehr hilfreich und respektvoll, wenn er sagt: *„Nun überlege mal, welchen ersten Schritt du heute machen musst, um dieses tolle Ziel in Zukunft zu erreichen!"* Auch hier ist wieder pädagogisches Fingerspitzengefühl gefordert. Da die meisten Schüler, und zwar in diesem Fall nicht nur die schwierigen Schüler, zunächst kaum inhaltlich oder auch sprachlich in der Lage sind, eigene Handlungsstrategien zu erarbeiten, muss der Trainingsraum-Lehrer häufig helfend eingreifen.

Aber auch diese Eingriffe sollten immer wieder die Möglichkeit zur eigenverantwortlichen Entscheidung des Schülers beinhalten. Es hilft dem Schüler nicht, wenn der Lehrer ihm vorsagt, was er schreiben soll. Viel wichtiger als Ratschläge sind hier Vorschläge, aus denen der Schüler eine ihm angemessene Handlungsstrategie entwickeln kann. Er muss auf jeden Fall überzeugt davon sein, dass sein Plan auch seinen Möglichkeiten und Absichten entspricht. Wichtig ist auch, dass der Schüler zu positiven Ansätzen und Plänen beraten wird. Es hilft einem unter mangelnder Selbstkontrolle leidenden schwierigen Schüler recht wenig, wenn er z.B. schreibt:

„Ich werde nicht mehr durch die Klasse laufen!"

Der Trainingsraum-Lehrer berät ihn: *„Was wirst du tun, um dieses Ziel zu erreichen?"* Dann kann der schwierige Schüler positive Denkansätze entwickeln. Er malt sich z.B. ein Piktogramm mit einem Stuhl und einem Pfeil auf der Sitzfläche und klebt sich das Piktogramm als Erinnerung auf seinen Tisch. Die Kunst des Trainingsraum-Lehrers besteht darin, diese positiven Gedanken anzuregen und verfügbar zu machen.

Dass eine Ausbildung für den Lehrer wichtig ist und er mit dem entsprechenden Fingerspitzengefühl vorgehen muss, zeigt der Rückkehrplan eines Fünftklässlers: Ein Schüler war entsandt worden, weil er zum wiederholten Mal laut in die Klasse gerufen hatte. Ohne ausführliche Beratung hätte er wahrscheinlich geschrieben: *„Ich tu es nicht mehr!"* Sicher ein ehrenvoller Vorsatz, der aber nur kurz währen würde. Nach einer fünfminütigen Beratung schrieb der Schüler folgenden Rückkehrplan:

1. Ich beschreibe mein Verhalten, weshalb ich aus der Klasse gegangen bin:

> *Ich wollte eigentlich nicht in die Klasse rufen aber ich wollte das richtige sagen dann plötzlich ausgenicht und deswegen musste ich aus der Klasse zum Trainingsraum gehen.*

2. Wenn ich unsere Regeln breche, entscheide ich mich damit, in den **„Raum für verantwortliches Denken"** (RvD) zu gehen, um über **mein** Benehmen, **meine** Handlungsweise und **mein** Auftreten nachzudenken.

   So will ich mein Verhalten verbessern:

> *Wenn ich einfach in die Klasse rufe dann haben die anderen keine schons was zu sagen. Bei nechsten mal werde ich mich verbessern und nicht meer in die Klasse rufen damit die anderen auch eine schons haben und ich entschuldige mich.*

Ausschnitt aus dem Rückkehrplan eines Hauptschülers (5. Klasse)

Dieser Plan zeigt, dass der Schüler in der Beratung nicht nur über sein eigenes Verhalten nachgedacht, sondern auch die Auswirkungen seines Verhaltens auf die Gesamtgruppe reflektiert hat. Er ist zu dem Schluss gekommen, dass er sein Verhalten im Interesse der Gruppe ändern muss. Und damit geht es wieder um den zentralen Aspekt des Prozesses. Auch der schwierige Schüler muss lernen, die Rechte und Bedürfnisse der anderen zu respektieren. Ohne ständige Hinweise auf die Folgen seines Fehlverhaltens für die übrigen Schüler und den Lehrer kann kein eigenverantwortlicher Änderungsprozess in Gang kommen. In unserer Gesellschaft besteht zurzeit ein starker Trend zur Individualisierung, zur Selbstfindung und zur Selbstverwirklichung. Dieser Trend wird auch in der Pädagogik durch individualisierende Förder-, Unterrichts- und Arbeitsmethoden betont. Wo diese Selbstverwirklichung zu negativen Konsequenzen für die Gemeinschaft führt, versuchen wir in der Schule die Schüler intensiver zur Verantwortung des Individuums für die Gruppe zu erziehen. Und hier liegt die große Chance des Trainingsraum-Programms. Deshalb ist es wichtig, dass der Schüler sich bei der Beratung nur auf sein eigenes Verhalten und dessen Folgen für die Gemeinschaft konzentriert und nicht versucht, die Verantwortung auf Mitschüler oder den Lehrer abzuwälzen. Und dies ist sehr schwer für den schwierigen Schüler, hat er doch immer wieder gelernt, dass Leugnen, falsche Beschuldigungen und Abschieben der Verantwortlichkeit die einzigen Vermeidungsstrategien sind. In der Beratung muss er sein Verhalten, losgelöst von Schuldzuweisungen an andere, erkennen und akzeptieren. Nur so kann er sich seiner persönlichen Verantwortung für die Befindlichkeit seiner Mitschüler und Lehrer bewusst werden.

Manchmal gibt der Trainingsraum-Lehrer dem entsendenden Lehrer, mit dem Einverständnis des Schülers, auch hilfreiche Informationen aus der Beratung. *„Sebastian war seit langer Zeit nicht mehr im Trainingsraum. Er bemüht sich wirklich sehr!"* Dies geschieht im Interesse des Lehrers und des schwierigen Schülers. Hier geht es dem Trainingsraum-Lehrer darum, der entsendenden Kollegin die Bemühungen des Schülers klarzumachen, um eine respektvolle Wertung der Schüleranstrengungen zu gewährleisten. Gerade dem schwierigen Schüler wird eine solche Information weiterer Ansporn sein, den eingeschlagenen Weg fortzuführen. Aber es gibt auch Rückkehrpläne, die rundum Spaß machen. So schreibt ein ADHSler einer 9. Klasse, der die bedauernswerte Karriere vom Gymnasium zur Hauptschule hinter sich hat, folgenden ernst gemeinten Rückkehrplan:

---

1. Ich beschreibe mein Verhalten, weshalb ich aus der Klasse gegangen bin:

Ich habe meine Stimme in erhöter & Lautstärke durch den Raum klingen lassen, wodurch ich Mitschüler und Lehrer gestört habe. und der Lehrer sich gezwungen sah mich in den Trainingsraum zu schicken.

2. Wenn ich unsere Regeln breche, entscheide ich mich damit, in den **„Raum für verantwortliches Denken"** (RvD) zu gehen, um über **mein** Benehmen, **meine** Handlungsweise und **mein** Auftreten nachzudenken.
   So will ich mein Verhalten verbessern:

Ich werde meine Stimme in Zukunft nie nur noch dann klingen lassen wenn ein guter Grund dazu besteht Entschuldigen sie mein Betragen zu dieser Zeit.

Rückkehrplan eines Hauptschülers (9. Klasse)

Kollegen aus der Grundschule und auch den unteren Jahrgängen der Sonderschulen fragen sich sicherlich, wie denn bei ihnen der Trainingsraum installiert werden kann, wenn die Schüler noch nicht richtig lesen und schreiben können. Wir möchten dazu einmal ein Beispiel aus unseren Moderationen zeigen, um die Kreativität der Kollegen anzuregen, die mit noch nicht lesefähigen Schülern arbeiten. Es handelt sich hier um das Ergebnis einer Gruppenarbeit, das durch spätere Vertiefung des Trainingsraum-Teams zu einem funktionsgerechten Schülerarbeitsblatt für die Trainingsraum-Arbeit weiterentwickelt wurde. Wir haben bei dieser Fortbildung, aber auch bei allen anderen immer wieder erfahren, dass Lehrer eine große Kreativität zeigen, wenn ihnen eine Sache Freude macht. Wir sehen darin auch einen Beweis des hohen Synergieeffektes, den die Einführung des Trainingsraum-Programms in den Kollegien hervorruft.

1. Ich beschreibe mein Verhalten, weshalb ich aus der Klasse gegangen bin:

Bei der ersten Ermahnung habe ich auch wirklich Privatgespräche geführt und habe meine Mitschüler vom Unterricht abgelenkt

2. Wenn ich unsere Regeln breche, entscheide ich mich damit, in den „**Raum für verantwortliches Denken**" (RvD) zu gehen, um über **mein** Benehmen, **meine** Handlungsweise und **mein** Auftreten nachzudenken.
So will ich mein Verhalten verbessern:

Ich möchte mich zurückziehen und diese Gespräche unterlassen, damit wir einen vernünftigen Unterricht durchführen ohne weitere Ablenkungen. Meine 2. Ermahnung sehe ich nicht ein weil ich mich zu dem Zeitpunkt an die Gesprächsregeln gehalten habe Ich wäre sehr gerne bereit mit meiner Klassenlehrerin alleine darüber zu reden und bitte um ein Gespräch.

Rückkehrplan eines lernbehinderten (10. Klasse) Typ B

Auch Schüler können in der gesicherten Atmosphäre des Trainingsraums sehr kreativ werden. So entsteht im Trainingsraum neben den Rückkehrplänen besonders bei den schwierigen Schülern eine ganze Reihe von kreativen Hilfsmitteln, mit denen sie sich Eselsbrücken zur Erreichung ihres Zieles und zur Unterstützung ihrer Absichten bauen. Da sind die Piktogramme mit dem zugepflasterten Mund oder das Stoppschild auf dem Tisch nach der ersten Ermahnung und vieles mehr.
Ein interessantes Beispiel ist ein Zusatzblatt von Kevin aus einer 7. Klasse, das auch Anlass zu Nachdenken geben kann:

Wenn ein Schüler schreibt: *„Man muss nicht zeigen, dass man Angst hat!"*, sollte der beratende Lehrer schon nachhaken – wenn nicht in der Beratung, dann auf jeden Fall später! Oder aber, wie in diesem Fall geschehen, er sollte den Beratungslehrer einschalten, weil dieser auch den nötigen Zeitrahmen zur Verfügung hat. In dem dargestellten Fall war nach Meinung des Beratungslehrers auch die Einschaltung des Klassenlehrers nötig.

Zuweilen wenden sich die Rückkehrpläne auch an den entsendenden Lehrer persönlich. Diese an den Lehrer gerichteten Botschaften beziehen sich häufig auf die Störung und eventuelle Fehleinschätzungen des entsendenden Lehrers. Andere Botschaften beinhalten ehrliche Entschuldigungen, verbunden mit vertraulichen Verständnisbekundungen. Aber es gibt auch den direkten Brief an den entsendenden Lehrer, der keine Strategie zur Verhaltensänderung aufzeigt, sondern nur die Bitte um Verständnis für die augenblickliche Situation.

Ausschnitt aus dem Rückkehrplan eines Hauptschülers (7. Klasse)

Hier handelt es sich um einen schwierigen ausländischen Schüler. Der beratende Lehrer im Trainingsraum hatte dem Schüler, der tatsächlich krank zur Schule gekommen war, geraten, dem Lehrer seine derzeitige Lage offenzulegen. Der Schüler war dem Rat ohne weitere Hilfe gefolgt und hatte einen Bittbrief an den Lehrer gerichtet, in dem er seine Ängste und seine Hilflosigkeit dargestellt und den Schutz und die Unterstützung des Lehrers auf eine fast kindliche Weise eingefordert hat. Dabei muss man auch noch sehen, dass dieser Schüler zum Zeitpunkt des Vorfalls 15 Jahre alt war und bei seinen

Lehrern und Mitschülern als besonders cool galt. Der Lehrer akzeptierte die Begründung, und der Schüler dankte es durch störungsfreies Verhalten. Es muss ernsthaft hinterfragt werden, ob in einem sanktionären System eine solche vertrauensvolle Annäherung zwischen Lehrern und schwierigen Schülern möglich ist. Wir haben jedenfalls festgestellt, dass nicht in den Beratungen im Trainingsraum, sondern auch in der Beziehung zwischen dem schwierigen Schüler und dem Lehrer eine Veränderung eintritt, wie wir auch in späteren Beispielen aufzeigen werden.

Immer wieder schreiben die Schüler Botschaften in ihre Rückkehrpläne. Ob der entsendende Lehrer, der Trainingsraum-Lehrer oder der Beratungslehrer in der Elternberatung, sie alle sollten diese Botschaften erkennen und mit dem Schüler besprechen. Denn gerade ein schwieriger Schüler will mit seiner Botschaft ernst genommen werden, sonst würde er sich nicht in dieser Weise äußern. Für sie ist es sehr wichtig, zufrieden und gelassen in den Unterricht zurückkehren zu können. Dann war auch für sie die Zeit im Trainingsraum keine verlorene Zeit! Trotzdem ist es nötig, dass der beratende Lehrer gerade dem schwierigen Schüler zusätzliche Hilfen und Ratschläge für die Rückkehr in die Klasse mit auf den Weg gibt.
Er bereitet ihn darauf vor, dass seine Mitschüler ihn unter Umständen durch Auslachen oder durch Bemerkungen provozieren könnten oder dass bei nicht einvernehmlichen Rückkehrplänen der entsendende Lehrer nicht einverstanden sein könnte oder dass er selbst durch unangemessenes Rückkehrverhalten neue Probleme bereiten könnte. Obgleich mit fortschreitender Ritualisierung diese Verhaltensweisen immer seltener vorkommen, sind besonders bei den schwierigen Schülern einige hilfreiche Ratschläge durchaus angebracht, damit auch der letzte Schritt des Prozessablaufes reibungslos und störungsfrei verläuft. Hier gilt für alle schwierigen Schüler die besondere Regel für den Umgang mit den ADHSlern:

Probleme vorher sehen und die Bewältigung gemeinsam mit dem Schüler planen.

Sobald der Schüler nach erfolgter Beratung seinen Plan fertiggestellt hat, legt er ihn noch einmal dem Lehrer im Trainingsraum vor. Auch hier gilt es, die Eigenverantwortung des Schülers zu respektieren. Schließlich hat auch der schwierige Schüler sehr viel Mühe darauf verwandt, sein bisheriges Verhalten in Frage zu stellen und weitgehend selbständig neue Wege zu suchen und eventuell zu finden. Der Lehrer korrigiert daher den Plan nicht, sondern überprüft lediglich, ob er Respektlosigkeiten gegenüber dem entsendenden Lehrer oder der Klasse enthält. Es wäre nicht nur kontraproduktiv im Sinne der Konfliktfreiheit des Prozesses, sondern auch wenig ermutigend für den entsendenden Lehrer, wenn eine beleidigende Äußerung als Ergebnis eines Beratungsgespräches vorgelegt würde. Und es wäre gerade für die schwierigen Schüler nicht besonders motivierend, wenn sie ihre Rückkehrpläne wegen gerade bei ihnen häufiger Rechtschreibfehler ständig neu schreiben müssten. Die Spontaneität und Offenheit der Rückkehrpläne würden durch solche Barrieren unnötig beeinträchtigt. Eine Sonderregelung gilt, wenn der Schüler bis zum Ende der Stunde des entsendenden Kollegen den Plan noch nicht fertiggestellt hat. Er kehrt dann in die Klasse zurück und nimmt am Unterricht der nächsten Stunde ohne Einschränkung teil. Der Trainingsraum-Lehrer hinterlegt den begonnenen Rückkehrplan in ein eigens dafür vorgesehenes Archiv für unvollendete Rückkehrpläne. Der Schüler geht in der nächsten Unterrichtsstunde des entsendenden Lehrers unaufgefordert zu Beginn der Stunde in den Trainingsraum und vollendet seinen Plan. Damit ist auch gewährleistet, dass an der Entsendung unbeteiligte Kollegen in keiner Weise von der Entsendung beeinträchtigt sind.

3. Die Rückkehr in den Klassenraum

Wie alle Schritte des Prozesses, ist auch die Rückkehr in den Klassenraum ritualisiert und für alle Schüler gleich. Auch für diesen Schritt gilt die Forderung nach gegenseitigem Respekt. Es wäre nicht nur kontraproduktiv, sondern absolut gegen alle Ziele des Trainingsraum-Programms, wenn es an diesem Punkt zu Konflikten oder Respektlosigkeiten käme. Der Schüler kehrt nach dem Aufenthalt im Trainingsraum ohne Verzögerung in die Klasse zurück, klopft höflich an und wartet auf die Aufforderung des Lehrers, die Klasse zu betreten. Wenn er ohne jede Rücksicht in die Klasse stürmen würde, könnte dies zu einer erneuten Unterrichtsstörung führen und damit den Wiedereintritt in den Prozess bedeuten. Dies würde sowohl für den Schüler wie auch für den Lehrer nicht besonders motivierend sein.

Es gilt für den Schüler, hier die Form zu wahren und respektvoll auf die Anweisungen des Lehrers zu warten: *„Warte bitte einen Augenblick, bis ich Zeit für dich habe!"*
Bei einem besonders schwierigen Schüler kann es ratsam sein, ihn nicht in der Klasse, sondern vor der offenen Tür warten zu lassen, um mögliche Provokationen zu vermeiden. Hier ist wieder das berühmte Fingerspitzengefühl gefragt. Auf jeden Fall sollte der Lehrer den Schüler nicht zu lange warten lassen, damit der Schüler sich nicht ungerecht behandelt oder nicht beachtet fühlt. Denn er hat ja jetzt einen Vorsatz gefasst. Er hat einen Plan geschrieben und damit nach den Regeln das Recht, wieder in den Unterricht zurückzukehren. Wichtig ist in dieser Phase vor allem, dass der Lehrer den Schüler positiv annimmt und jeden Ansatz von Kritik im Vorfeld unterlässt.

Die Rückkehr aus dem Trainingsraum in die Klasse

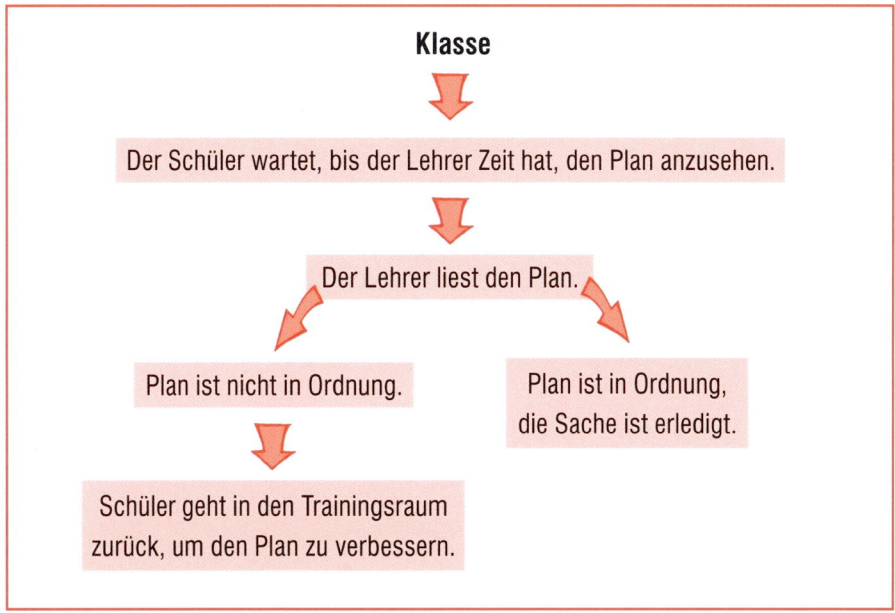

Denn wenn der Lehrer jetzt noch einmal auf das Fehlverhalten des Schülers eingeht –

„Hast du jetzt verstanden, weshalb ich dich
in den Trainingsraum geschickt habe?" –

beginnt der Konflikt erneut und er macht sich und dem Schüler unnötigen Stress.
Der Schüler sollte bei der Rückkehr das Gefühl haben, dass er willkommen ist und dass
der Lehrer ihm eine echte Chance zur störungsfreien Teilnahme am Unterricht gibt.
Selbst wenn der Lehrer aus der Erfahrung weiß, dass der schwierige Schüler weiterhin
Verhaltensprobleme haben wird, sollte bei der Rückkehr aus dem Trainingsraum schon
Vertrauen und Zuversicht Vorrang haben.

Ob er den Rückkehrplan akzeptiert oder nicht, fällt ausschließlich in die Eigenverantwortlichkeit des entsendenden Lehrers. Wenn er den Plan annimmt, geht der Schüler
an seinen Platz und nimmt wieder am Unterricht teil. Der Lehrer gibt keine zusätzlichen
Kommentare dazu, wie: *„Jetzt hoffe ich aber …"*, sondern höchstens noch eine kurze
Ermunterung, und die Sache ist erledigt. Er kann den Rückkehrplan im Prinzip vernich-
ten, sollte dies jedoch nicht vor den Augen des Schülers tun. Beide wissen, dass im
Trainingsraum eine Kopie des Planes hinterlegt ist, um bei eventuellen Gesprächen
genutzt werden zu können.

Sehr viel problematischer wird diese Phase, wenn der Lehrer nicht mit dem Rückkehrplan einverstanden ist. Dies geschieht in der Regel aus zwei Gründen:

 Es kommt vor, dass der Schüler in seinem Rückkehrplan eine andere Darstellung des Störungsverlaufes gibt und damit der Darstellung des Lehrers auf dem Infozettel widerspricht.

Hier gibt es die Möglichkeit, den Schüler ohne weiteren Änderungsvorschlag in den Trainingsraum zurückzuschicken. Dies gilt nicht als erneute Entsendung, sondern als eine ganz normale Korrekturphase. Selbst wenn der Lehrer in keiner Weise mit dem Rückkehrplan einverstanden ist, sollte er ruhig und professionell vorgehen und den Schüler nicht diskriminieren, sondern die Entsendung zur Revision des Planes als klare Regelung des Prozessablaufes durchführen. Nicht etwa angreifen: *„Was hast du denn hier geschrieben?"*, sondern ganz gelassen auf die Prozessstruktur verweisen: *„Leider bin ich mit diesem Rückkehrplan nicht einverstanden, weil … Gehe bitte noch einmal zur Beratung in den Trainingsraum!"*

Der beratende Lehrer im Trainingsraum hat jetzt, besonders bei schwierigen Schülern, die wichtige Aufgabe des neutralen Vermittlers, für die er sich sehr viel Zeit nehmen muss. Wenn er im Laufe des Gespräches den Eindruck gewinnt, dass die Schülerdarstellung nicht korrekt ist, so bedarf es einer sehr sensiblen Gesprächsführung, um den Schüler zu einer Korrektur des Rückkehrplanes zu bewegen. Hier gilt es auch, stärker als beim Erstgespräch den Schüler auf die richtige Spur zu lenken. Und sollte die Zeit im Trainingsraum nicht ausreichen oder der Raum zu voll sein, um eine ausführliche Beratung durchzuführen, so muss diese Beratung zu einem späteren Zeitpunkt erfolgen, d.h. in der nächsten Stunde des entsendenden Lehrers.

Es ist jedoch auch durchaus möglich, dass der entsendende Lehrer den Schüler zu Unrecht abgewiesen hat und die Darstellung des Schülers nach Ansicht des beratenden Lehrers richtig ist. Auch wenn der Trainingsraum-Lehrer sieht, dass der entsendende Lehrer einen Fehler gemacht hat, was eventuell sogar von anderen im Trainingsraum anwesenden Klassenkameraden bestätigt wird, wird er auf eine wertende Stellungnahme verzichten. Denn auch der entsendende Lehrer glaubt, im Recht zu sein. Hier scheint sich ein echter Konflikt anzubahnen, den der Trainingsraum-Lehrer nur mit sehr viel Einfühlungsvermögen lösen kann. In der Regel versucht der beratende Lehrer, zuerst einmal den aus seiner Sicht ungerecht behandelten Schüler zu beruhigen. Dann bietet er sich als Vermittler zwischen Schüler und Lehrer an und stellt dem Schüler eine Lösung für einen späteren Zeitpunkt in Aussicht. Er behält den Schüler jedoch meist bis zum Ende der Stunde im Trainingsraum, um eine erneute Konfrontation zu vermeiden. Anschließend wird er ein kollegiales Gespräch mit dem Lehrer suchen, um mit ihm gemeinsam eine einvernehmliche Lösung zu finden. Es darf bei diesen Gesprächen keine Sieger und keine Besiegten geben! Bislang hat es in der langjährigen Praxis nur zwei Vorkommnisse gegeben, die nicht mit einer Einigung geendet sind. Es hat sich deutlich gezeigt, dass gerade für den schwierigen Schüler die ausführliche Auseinandersetzung mit dem Konflikt sehr wichtig ist. Er erfährt nicht nur Gerechtigkeit und Zuwendung, er erfährt auch ein hohes Maß an Respekt bei dem Kollegen, der bereit ist, seine Wahrnehmung in Frage zu stellen und dem Schüler Recht zu geben. Dies erzeugt auch bei dem Schüler Respekt vor dem Kollegen und trägt auch dazu bei, dass die Negativhaltung des Schülers gegenüber dem System Schule ziemlich deutlich ins Wanken gerät.

 Häufiger ist jedoch der zweite Grund für die Ablehnung des Planes durch den entsendenden Lehrer: Der Lehrer ist mit den Vorsätzen des Schülers im Rückkehrplan nicht einverstanden. Entweder sind sie nicht realistisch oder nicht ausführlich genug oder sie sind dem Lehrer schon aus vorherigen Plänen bekannt und haben sich als wirkungslos erwiesen. In diesen Fällen schickt der Lehrer den Schüler mit einem kurzen Hinweis zur Korrektur des Planes in den Trainingsraum zurück. Auch dies gilt nicht als erneute Entsendung.

Im Trainingsraum ist es nun die Aufgabe des beratenden Lehrers, den Schüler zu einer ehrlich gemeinten Verbesserung des Planes zu beraten. Dabei geht es bei dem Schüler auch darum, Verständnis und Respekt für die Maßnahme des entsendenden Lehrers zu wecken, um die Basis für eine Verbesserung des Planes zu schaffen. Dies gelingt bei den schwierigen Schülern nicht immer. Dann bleibt der Schüler, wie bei der konträren Darstellung, bis zum Stundenende im Trainingsraum und kommt eventuell zu Beginn der nächsten Stunde des entsendenden Lehrers wieder zu einer Neufassung des Rückkehrplanes in den Trainingsraum. Oder aber die Angelegenheit wird auf der kollegialen Gesprächsebene gelöst. Prinzip aller Lösungsstrategien bleibt aber auf jeden Fall, dass die Lösung von beiden Seiten akzeptiert werden kann. Auf keinen Fall darf das Gefühl auf der einen oder anderen Seite entstehen, eine Niederlage erlitten zu haben. An diesem Punkt könnte der Prozess scheitern, wenn nicht alles Geschick aufgewandt wird, den gegenseitigen Respekt zu erhalten.

Der Erfolg der Beratungsbemühungen wird dadurch erleichtert, dass der schwierige Schüler in dieser Situation meist sehr zugänglich ist, wenn er den Prozess als ehrliche und gerechte Verfahrensweise kennen gelernt hat. Er wird in der Beratungssituation des Trainingsraums viel bereitwilliger einlenken als vor der gesamten Klasse.

Wenn der Schüler am Ende des Beratungsprozesses wieder am Unterricht teilnimmt, ist die Behandlung der aktuellen Störung auch endgültig abgeschlossen, und es gibt weder vom entsendenden Lehrer noch vom Klassenlehrer irgendeine Form von anschließender Sanktion oder ein Kritikgespräch. Auch der schwierige Schüler braucht das Gefühl, wieder angenommen zu sein. Durch dieses Gefühl wird er auch das Vertrauen zur Schule und zu den Lehrern dauerhaft zurückgewinnen. Auch bei häufigen Entsendungen sollten auf keinen Fall Sanktionen ausgesprochen werden. Auch hier müssen, wie später dargestellt, die Beratung und die Hilfe im Vordergrund stehen. Die Sanktionsfreiheit als Grundprinzip der Behandlung von Unterrichtsstörungen ist ein unveränderlicher Prozessbestandteil. Leider erliegen viele Schulen der Verführung, das Störverhalten der schwierigen Schüler durch zusätzliche Sanktionen beheben zu wollen. Ganz gleich, wie, wann und wo die Sanktionen eingesetzt werden, der Sinn des Prozesses wird dadurch verfehlt. Wie wir auch immer bestrafen, wir werden die schwierigen Schüler durch Strafen nicht zum Respekt erziehen.

3.

Das Trainingsraum-Konzept an der Lessingschule

Der Prozess läuft an allen Schulen, die das Trainingsraum-Programm eingeführt haben, in gleicher Weise ab. Es ist jedoch auch selbstverständlich, dass der Prozess an allen Anwenderschulen eine standortspezifische Ausprägung haben muss. So haben wir bei den besonderen schulspezifischen Vorbedingungen der Lessingschule – Wir sind eine Integrationshauptschule mit 16 Sonderschülern mit besonderem Förderbedarf in der emotionalen und sozialen Entwicklung, 45 lernbehinderten Schülern und einem Migrantenanteil von 45 % – Unsere Sonderregeln sind im Wesentlichen auf die Bedürfnisse der schwierigen Schüler zugeschnitten. Außerdem versuchen wir, die optimale Nutzung der besonderen personellen Ressourcen sowohl im Trainingsraum als auch bei den erforderlichen Beratungen zu gewährleisten.

 Die Sonderregeln

■ Die Sonderregeln im Trainingsraum

Bei den Sonderregeln für den Trainingsraum spielt die Struktur unserer Schülerschaft eine entscheidende Rolle. Wir müssen bei allen standortspezifischen Regelungen den Anteil der Sonderschüler mit Förderbedarf in der emotionalen und sozialen Entwicklung berücksichtigen.

Der zeitliche Rahmen der Trainingsraum-Besetzung

Da wir aus der Erfahrung wissen, dass das Selbstkontrollpotenzial der Sonderschüler mit besonderem Förderbedarf zeitlich begrenzt ist, haben wir die zuverlässige Besetzung des Trainingsraums auf die ersten fünf Unterrichtsstunden beschränkt. Damit sparen wir zum einen Personal, aber wir kommen damit auch den Bedürfnissen der schwierigen Schüler sehr entgegen. Wenn ein schwieriger Schüler in der 6. Stunde oder im Nachmittagsunterricht durch Störungen auffällt, ist auch nach der Rückkehr aus dem Trainingsraum nicht mit einer Verhaltensänderung zu rechnen, da die Möglichkeiten der Selbstkontrolle bei dem Schüler erschöpft sind. Er würde trotz der Beratung mit großer Wahrscheinlichkeit weiter stören und damit zu einem Daueraufenthalt im Trainingsraum verdammt sein. Daher gilt ab der 6. Stunde die Regel, dass der störende Schüler nach Hause entlassen wird und in der nächsten Stunde des entsendenden Fachlehrers zur Beratung in den Trainingsraum geht.

Die Eltern werden über diese Maßnahme informiert, aber auch darauf hingewiesen, dass es sich nicht um eine Sanktion, sondern um eine Maßnahme des Trainingsraum-Programms handelt.

Interessant ist bei dieser Regelung die Tatsache, dass wir aus der Erfahrung von vier Jahren berichten können, dass fast ausschließlich als schwierig bekannte Schüler von dieser Sonderregel betroffen waren und diese Schüler diese Maßnahme nicht als sanktionären Rauswurf, sondern als hilfreiche Schutzregelung verstanden haben, weil sie bei weiterem Verbleib in der Schule an diesem besonderen Tag mit weiteren Entsendungen rechnen mussten und dadurch einen Ausschluss vom Unterricht verursacht hätten, wie es im nächsten Abschnitt erläutert werden wird. Bei den Moderationen taucht immer wieder die Frage auf:

◆◆◆◇ „Was geschieht bei den Fachlehrern, die nur in der 6. – 9. Stunde unterrichten?" ◆◆◆◇

Hier erfolgt bei uns die Beratung in der nächsten Stunde des jeweiligen Klassenlehrers, der vom entsendenden Fachlehrer informiert wird. Auch dieser Bereich der Struktur muss zuverlässig gesichert sein.

Schutz gegen Trainingsraum-Tourismus

Wesentlich komplizierter ist das Problem der Entsendungshäufigkeit zu lösen. Es besteht der nicht unberechtigte Verdacht, dass die schwierigen Schüler den Trainingsraum als „Unterrichtsvermeidungsraum" missbrauchen, indem sie sich ständig wegen provokanter Störungen entsenden lassen. Dieser Einwand wird bei allen Fortbildungen angebracht, weil die Lehrer aus den Erfahrungen des bisherigen Schülerverhaltens in ähnlichen Situationen Rückschlüsse auf ein voraussehbares Schülerverhalten ziehen. Das scheint umso sicherer, da die schwierigen Schüler angesichts fehlender Sanktionen keinen Anlass sehen, sich im Rahmen ihrer Möglichkeiten selbst zu disziplinieren. Wir können aus Erfahrung sagen, dass die schwierigen Schüler trotz aller Probleme nur sehr ungern vorzeitig aus dem Unterricht entlassen werden. Um dennoch dem Missbrauch des Prozesses durch die schwierigen Schüler entgegenzusteuern, haben wir eine deutliche Barriere zum Schutz der Prozessstruktur eingebaut: Wer bereits zweimal an einem Unterrichtstag in den Trainingsraum entsandt worden ist, wird bei der dritten Entsendung sofort und nachhaltig von jedem Unterricht ausgeschlossen. Dieser Ausschluss ist von der Schulkonferenz beschlossen und gilt nicht als Sanktion im Sinne der ASchO oder des Schulgesetzes.

■ Das Rückkehrgespräch

Eine Rückkehr in den Unterricht nach Verstößen gegen die Trainingsraum-Ordnung ist erst nach einem Beratungs- und Kritikgespräch zwischen einem Erziehungsberechtigten, dem Schüler und einem Schulleitungsmitglied möglich. Dieser Ausschluss mit dem verpflichtenden Rückkehrgespräch hat natürlich einen stark sanktionären Charakter, der jedoch zur Sicherung der Prozessstruktur dringend angebracht ist.

Verstärkend wirkt hierbei auch die Einschaltung der Schulleitung, die diesem Rückkehrgespräch zusätzliches Gewicht verleiht. Die Schulleitung wird diese Gespräche nicht als zusätzliche Belastung empfinden, da sie ansonsten nicht mehr in Kritikgespräche mit schwierigen Schülern wegen Unterrichtsstörungen eingebunden ist. Die mangelnde Fähigkeit zur Selbstkontrolle wird nach unseren Erfahrungen durch diese Maßnahme deutlich zu Gunsten eines intensiven Bemühens um Regeleinhaltung ersetzt.

Wichtig ist dabei auch die Einbeziehung der Eltern in die Struktursicherung. Sie werden unmittelbar telefonisch von dem Ausschluss informiert und, wenn dies nicht möglich ist, umgehend schriftlich benachrichtigt (s. Kopiervorlage „1. Einladung zum Elterngespräch", S. 143).

Diese Benachrichtigung erfolgt grundsätzlich durch die Trainingsraum-Lehrer und geht, wie alle anderen Elterninformationen auch, sofort an den Klassenlehrer. Die Eltern werden in dieser Prozessphase jedoch nicht angegriffen oder als verlängerter Sanktionsarm ausgenutzt, sondern über den Prozess und die Gründe für den Ausschluss informiert. Eventuell ergibt sich auf dieser Ebene schon die Möglichkeit, weitergehende Elternberatungen zu initiieren. Diese Rückkehrgespräche sind nicht durch Telefonate oder Briefe zu ersetzen, sie müssen im persönlichen Dreiergespräch erfolgen.

◆◆◆◇ „Was geschieht aber, wenn die Erziehungsberechtigten
nicht zu einem Rückkehrgespräch bereit sind?" ◆◆◆◇

Diese Frage ist leicht zu beantworten: Das ist noch nie passiert und das ist auch verständlich. Wer hat als Eltern das schwierige Kind schon gerne den ganzen Tag im Haus? In der Regel erscheinen die Eltern am selben Tag oder spätestens am nächsten Morgen zum Rückkehrgespräch. In einem besonderen Fall hat eine Mutter fünf Tage gebraucht, bevor ihr Sohn sie zu dem Rückkehrgespräch überreden konnte. Dabei erschien der Schüler jeden Morgen vor der Schultüre und bat um Einlass. Aber auch hier gilt die Regel der absoluten Prozesssicherheit. Es darf keine Ausnahme geben. Und sollten Eltern sich absolut nicht zum Gespräch bereit erklären, schickt die Schule nach den Prozessregeln diesen Eltern nach einer Woche die Aufforderung zur Wahrung der Schulpflicht ihres Kindes mit dem Hinweis auf mögliche Konsequenzen. Für diese außergewöhnlichen Rückkehrgespräche gelten natürlich auch die Forderungen nach gegenseitigem Respekt und niederlagenfreier Gesprächsführung. Es geht nicht elementar darum, den schwierigen Schüler zu disziplinieren, sondern darum, ihn durch diese Sanktion zur Selbstdisziplin zu motivieren. Denn wir machen ihm klar, dass der Prozess, der ihm ansonsten nur Vorteile bringt, auch geschützt werden muss.

■ Die Gründe für einen Ausschluss

Ausschluss wegen Verweigerung oder Verzögerung

Weitere Maßnahmen zum Schutz der Prozessstruktur sind von allgemeiner Gültigkeit und werden von fast allen Schulen mit Trainingsraum-Programm so gehandhabt. Da ist zunächst das Problem, dass schwierige Schüler, trotz aller guten Vorbereitung und auch guten Willens, die Entsendung in einen Machtkampf oder Konflikt ausarten lassen:

◆◆◆◇ **„Ich gehe nicht in den Trainingsraum.**
Ich habe nichts getan! ..." ◆◆◆◇

Auch diese Verhaltensweise wird als „GAU" (Größte Angenommene Untat) angesehen und ist mit dem sofortigen Unterrichtsausschluss verbunden. Auch hier ist eine Rückkehr nur nach einem Rückkehrgespräch mit einem Erziehungsberechtigten und einem Schulleitungsmitglied möglich. Wenn der Schüler sich absolut weigert, nach Hause zu gehen, wird die Schulleitung zu Hilfe gerufen. In einem solchen Konflikt bei der Entsendung hilft auch kein späteres Einlenken des Schülers.

Er muss lernen, dass Diskussionen um Unterrichtsstörungen und damit verbundene Konsequenzen nicht in den Klassenraum, sondern in den Trainingsraum gehören. Von dieser Maßnahme waren bis auf einen Fall bisher nur die als schwierig bekannten Schüler betroffen. In dem Ausnahmefall handelte es sich um einen ausländischen Schüler der Klasse 10, der sich aus mangelnder Einsicht in die Lehrermaßnahme, aber auch aus verletztem Ehrgefühl weigerte, die Klasse zu verlassen und in den Trainingsraum zu gehen. Die Schulleitung musste sich einschalten, um den Schüler vom Unterricht auszuschließen. Das Rückkehrgespräch am nächsten Morgen zwischen dem Vater, dem Schüler und der Schulleitung war sehr fruchtbar, da der Vater sich voll hinter die Schule stellte und besonders die Problematik der „verletzten Ehre" als völlig absurd in einem schulischen Regelprozess darstellte. Der Schüler versprach, nie mehr einen solchen Fehler zu machen, und er hielt Wort. Wie schnell und sicher diese Regel bei allen Schülern greift, möchten wir am Beispiel eines Fünftklässlers darstellen, der gerade zwei Monate in unserer Schule war.

1. Ich beschreibe mein Verhalten, weshalb ich aus der Klasse gegangen bin:

Ich habe gebockt, das und das Blatt versteckt. Und auf den Boden geworfen.

2. Wenn ich unsere Regeln breche, entscheide ich mich damit, in den **„Raum für verantwortliches Denken"** (RvD) zu gehen, um über **mein** Benehmen, **meine** Handlungsweise und **mein** Auftreten nachzudenken.
   So will ich mein Verhalten verbessern:

Beim Diktat bin ich nicht mitgekommen deshalb habe ich Panik bekommen. Durch mein schlechtes Verhalten, habe ich die Klasse gestört. Das habe ich nicht gewollt das tut mir leid. Diktate schreiben ist mein aller Größtes Problem.

Ich möchte gerne das Diktat noch einmal schreiben. Schicken sie kein schüler bitte hinter mir her ich gehe in den Trainigsraum.

3. Vereinbarung: Ich möchte wieder im Klassenverband mitlernen und mein Recht auf störungsfreien Unterricht wahrnehmen und die Regeln einhalten.
   Ich verpflichte mich, meinen Plan einzuhalten !

   ....
   - Unterschrift des Schülers / der Schülerin -

Ausschnitt aus dem Rückkehrplan eines Hauptschülers (5. Klasse)

Bemerkenswert ist auch hier die offensichtliche Ruhe und Konzentration, die dieser, im Grunde rechtschreibschwache Schüler in seinem Rückkehrplan zeigt. Allerdings zeigt der Plan auch, dass die Zeit für die Beratung und den Rückkehrplan mit 29 Minuten überdurchschnittlich lange war. Das war jedoch bei der offensichtlich starken Erregung des Schülers mehr als nötig. Diese starke Erregung hatte wohl auch die entsendende Lehrerin dazu bewogen, einen Mitschüler zur Kontrolle hinterherzuschicken. Jedenfalls fühlte sich der entsandte Schüler durch diese Kontrolle erheblich diskriminiert. Interessant ist bei diesem Plan auch, dass der Schüler die Lehrerin hier persönlich anspricht. Diese Form der Annäherung an den Lehrer kommt besonders häufig bei den schwierigen Schülern vor.

Ausschluss wegen offensichtlicher Umwege

Eine weitere struktursichernde Regel gilt für den Weg zum Trainingsraum. Anhand der eingetragenen Uhrzeiten bei der Entsendung in den Trainingsraum bzw. bei der Rückkehr zur Klasse ist deutlich erkennbar, ob der Schüler noch eine Zigarettenpause oder Ähnliches eingelegt hat (s. Abb. 21, zweiter Ausschlussgrund). Auch ein solches Fehlverhalten gilt als „GAU" und wird entsprechend mit dem sofortigen Unterrichtsausschluss bestraft. Denn gerade die schwierigen Schüler neigen zu Umwegen, zu unerlaubten Aufenthalten in den Fluren, auf den Toiletten oder im Außenbereich. Um die damit verbundenen Aufsichtsprobleme zu vermeiden, haben wir diese Schutzklausel eingebaut. Die Wirksamkeit hat sich bereits im ersten Jahr gezeigt: Im gesamten Schuljahr wurde nur ein Schüler wegen Verstoßes gegen diese Regel ausgeschlossen.

Ausschluss wegen Störungen im Trainingsraum

Die letzte Regel zum Schutz der Struktur ist auch zum Schutz des Klimas im Trainingsraum gedacht. In diesem Raum muss absolute Ruhe herrschen. Deshalb gibt der Trainingsraum-Lehrer bei der geringsten Störung eine ausdrückliche Ermahnung. Sollte der Schüler noch einmal geringfügig stören, erfolgt unmittelbar der Unterrichtsausschluss mit der Verpflichtung zum oben dargestellten Rückkehrgespräch. Dies gilt auch bei stärkeren Störungen im Trainingsraum, die unmittelbar mit einem Unterrichtsausschluss ohne vorherige ausdrückliche Ermahnung verbunden sind. Ein als schwierig bekannter Schüler betritt z.B. den Trainingsraum und wird von zwei ebenfalls schwierigen, bereits anwesenden, Schülern lautstark begrüßt. Er antwortet in gleicher Form und die nötige Ruhe im Trainingsraum ist vorbei. Alle drei Schüler werden sofort vom Unterricht ausgeschlossen und können ebenfalls nur nach einem Rückkehrgespräch wieder am Unterricht teilnehmen (s. Abb. 21, dritter Ausschlussgrund). Angesichts der Tatsache, dass die Hälfte aller Entsendungen durch schwierige Schüler verursacht werden, sind diese Schutzmaßnahmen dringend erforderlich. Man stelle sich nur vor, es befänden sich drei oder vier dieser Schüler bereits im Trainingsraum und der fünfte Schüler käme mit entsprechendem Getöse hinzu. Es hat schon mehrere Ausschlüsse aus diesem Grund gegeben und von diesen Ausschlüssen waren nur schwierige Schüler betroffen, und zwar meist zwei oder drei schwierige Schüler gleichzeitig. Insgesamt jedoch haben sich die Maßnahmen zum Schutz der Prozessstruktur als äußerst wirksam erwiesen.

2. Die Dokumentation des Prozesses

Um die Entwicklung der schwierigen Schüler einschätzen zu können, haben wir sehr umfangreiche Dokumentationsstrukturen in den Prozess eingebaut.

■ Die Dokumentation in der Klasse

Da ist zunächst die Dokumentation in der Klasse. Durch den Vermerk der ausdrücklichen Ermahnungen und der Entsendungen im Klassenbuch ist zunächst für jeden einsichtig, welche Schüler, welche Fächer und welche Lehrer am häufigsten betroffen sind.

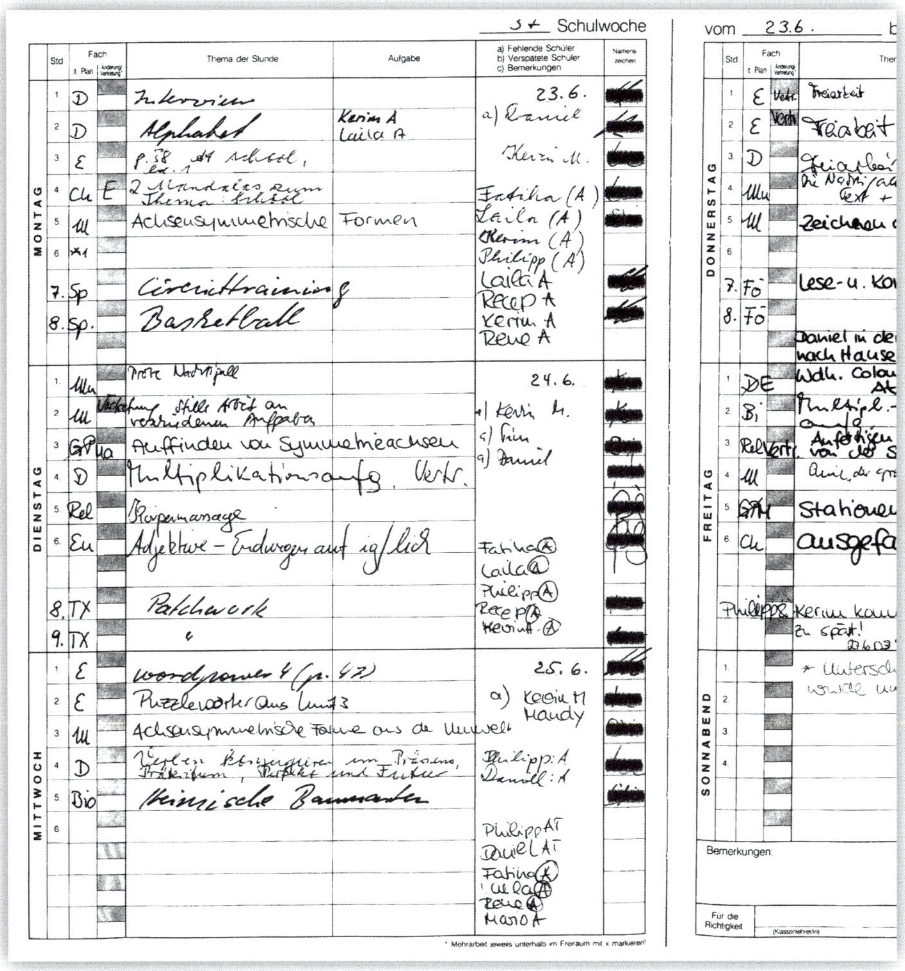

Einträge im Klassenbuch

Bei den Schülern und bei den Fachlehrern ist diese offene, allen zugängliche Form der Dokumentation nicht umstritten, da sie als hilfreich angesehen wird. Aber bei den Kollegen greift wieder das alte Disziplinbild:

◆◆◆◆ „Der Kollege hat Disziplinschwierigkeiten!
Sonst würde er doch nicht so häufig …!" ◆◆◆◆

Jedenfalls ist dies eine ständige Sorge bei den kollegiumsinternen Fortbildungen. Völlig unberechtigt! – Der häufig entscheidende Kollege ist nicht etwa schwach, sondern konsequent und legt großen Wert auf störungsfreien Unterricht. Er sorgt dafür, dass die lernbereiten Schüler störungsfrei lernen können und reagiert bei jeder Störung sofort. Außerdem kann es bedeuten, dass der Kollege empfindsamer als die übrigen Lehrer ist. Und dies ist doch wohl kein Grund zur Diskriminierung eines Kollegen.

Die Dokumentation im Klassenbuch lässt sehr klare Rückschlüsse auf die Selbstkontrolle der einzelnen Schüler zu, wenn wir die Relation zwischen den ausdrücklichen Ermahnungen und den Entsendungen betrachten. Wir haben festgestellt, dass bei den extrem schwierigen Schülern jede zweite ausdrückliche Ermahnung auch zu einer Entsendung in den Trainingsraum führt. Das Verhältnis ist bei den nicht schwierigen Schülern ganz anders. Während bei den schwierigen Schülern nur ca. 50 % der ausdrücklichen Ermahnungen zu einer Beruhigung führen, sind es bei den übrigen Schülern ca. 90 %. Bei den schwierigen Schülern war jede zweite ausdrückliche Ermahnung wirkungslos und führte zu einer Trainingsraum-Entsendung, während bei den nicht schwierigen Schülern nur jede zehnte ausdrückliche Ermahnung zu einer Entsendung führte.

Aber auch andere Interpretationsmöglichkeiten sind durch diese Klassendokumentation gegeben. Wenn bei einem Schüler ein deutlicher Anstieg von ausdrücklichen Ermahnungen feststellbar ist, können aktuelle Veränderungen im Umfeld des Schülers vermutet werden und sollten auch vom Klassenlehrer hinterfragt werden. Es kommt hierbei oft zu überraschenden Ergebnissen. Sei es, dass außerschulische Gründe deutlich werden oder aber, dass schulische Gründe vorhanden sind, die der Klassenlehrer nicht sehen kann, da die Normabweichungen nur bei Fachlehrern auftreten. Durch die neue Art der Dokumentation hat der Klassenlehrer erstmals einen klaren Gesamtüberblick über das Schülerverhalten im Unterricht, ohne dass er eine Klassenkonferenz einberufen müsste. Bei den schulischen Gründen sind es häufig einfach zu behebende Dinge, wie eine neue Sitzordnung, die zu einem veränderten Verhalten führen, oder eine zeitweise Überforderung, die durch gezielt angesetzten Förderunterricht behoben werden kann. Es kann aber auch andere Gründe geben, wie etwa gezieltes Mobbing von Mitschülern oder Machtkämpfe innerhalb der Klasse. Gegebenenfalls kann es auch die gestörte Chemie zwischen einem schwierigen Schüler und einem einzelnen Fachlehrer sein, die durch die Klassenbuchvermerke über die ausdrücklichen Ermahnungen und Entsendungen dokumentiert ist. Auch hier kann der Klassenlehrer die Problematik erkennen und helfend eingreifen, sowohl um dem Kollegen die besondere Situation des schwierigen Schülers (z.B. ADHS) zu erläutern als auch um im Gespräch dem Schüler die besonderen Ansprüche des Fachlehrers zu erklären. Wir haben die Erfahrung gemacht, dass diese Form der Kommunikation von allen Kollegen akzeptiert und geschätzt wird. Außerdem wird auch der Fachlehrer in Dinge eingeweiht, die für ihn und seine Einstellung gegenüber dem schwierigen Schüler äußerst wichtig sind.

Die außerschulischen Begründungen für plötzliche Verhaltensänderungen lassen sich zunächst im Gespräch mit dem Schüler, aber auch – wenn es möglich und nötig ist und der betroffene Schüler sein Einverständnis gibt – in Elterngesprächen klären. Hier gibt es für jeden engagierten Lehrer eine deutliche Dokumentation von Normabweichungen, die zu einer positiven, helfenden Bearbeitung des Problems beitragen kann, aber aus Prinzip nie zu einer Bestrafung des Schülers führen darf. Der Klassenbucheintrag ist aber auch für den entsendenden Lehrer wichtig, da ihm diese Gedankenstütze hilft, sich auch noch nach einer Woche an eine Entsendung zu erinnern und eventuell einen noch ausstehenden Rückkehrplan zu Ende schreiben zu lassen. Denn wie oben bereits beschrieben, werden nicht vollendete Rückkehrpläne im Trainingsraum abgelegt und in der nächsten Stunde des entsendenden Fachlehrers zu Ende geschrieben. Im Übrigen ist der Vermerk im Klassenbuch und das Ausfüllen des Infozettels der einzige Anteil, den die Lehrer außerhalb des Trainingsraum-Teams ableisten müssen.

■ Die Dokumentationen im Trainingsraum

Wesentlich vielfältiger sind die Aufgabenbereiche der Trainingsraum-Lehrer im Bereich der Dokumentationen. Wir haben uns zu diesen umfangreichen Dokumentationen entschlossen, weil wir angesichts der schwierigen Schüler bei Beratungen, Hilfeplangesprächen und Verfahren zur Feststellung des sonderpädagogischen Förderbedarfs immer wieder darauf zurückgreifen müssen.

Das Tagebuch

Da ist zum einen das Trainingsraum-Tagebuch, in dem jeder Schülerbesuch notiert wird.

Der Auszug zeigt, an welchen Tagen und in welchen Stunden Schüler im Trainingsraum waren, wie viele Schüler jeweils entsandt worden sind und welche Leerzeiten dokumentiert sind. Die Wertung dieser Informationen soll später erfolgen. Das Trainingsraum-Tagebuch ist erforderlich, weil der Raum von mehreren Trainingsraum-Lehrern betreut wird. So kann der jeweilige Lehrer erkennen, wenn ein Schüler zum dritten Mal an einem Tag entsandt worden ist und damit einen Unterrichtsausschluss verursacht.

Aber das Tagebuch vermittelt auch weitere wichtige Erkenntnisse. So stellte eine Lehrerin anhand des Tagebuches fest, dass eine Schülergruppe nicht nur in zwei von ihr betreuten Stunden, sondern auch in zwei weiteren Stunden immer wieder im Trainingsraum erschien. Bei genauerem Hinsehen konnte sie erkennen, dass es sich ständig um die Mathematikstunden des 7. Jahrganges handelte, in denen die Schüler gestört hatten. Außerdem stellte sie fest, dass fünf dieser Schüler Sonderschüler mit besonderem Förderbedarf in der emotionalen und sozialen Entwicklung (sog. E-Schüler) waren. Hinzu kamen zwei weitere schwierige Schüler ohne sonderpädagogische Förderung. Sie nahm Rücksprache mit dem Kollegen und erfuhr, dass in dem Mathe-Grundkurs alle schwierigen Schüler dieser Stufe unterrichtet wurden. Mit Einverständnis des Kollegen wandte sie sich an die Schulleitung und informierte sie über diese unzumutbare Kurszusammensetzung und bat um Abhilfe.

Klassenlisten

Noch interessanter sind jedoch die Informationen, die die Klassenlisten der Entsendung vermitteln. Zunächst waren die Dokumentationen nur dazu gedacht, die Notwendigkeit von Elternberatungen zu erkennen und die gleichmäßige, gesicherte Abfolge dieser Beratungen für alle Schüler zu gewährleisten. Denn es bestand von Beginn an der Beschluss, bei sechs Entsendungen die erste Elterninformation zu verschicken und bei drei weiteren Eintragungen die erste Elternberatung durchzuführen. Und dieser Rhythmus sollte bei allen Schülern gleich sein. Deshalb waren verlässliche Dokumentationen unbedingt erforderlich.

Beispiel

Bei der Klasse 6 a handelt es sich um eine Integrationsklasse, in der zwölf Hauptschüler gemeinsam mit sechs lernbehinderten Schülern unterrichtet werden. Das Störbild der Klasse zeigt sehr wenige Entsendungen zum Trainingsraum und zunächst auch keinen Hinweis auf schwierige Schüler. Allerdings müssen wir bei genauerem Hinsehen feststellen, dass der letzte Schüler als Seiteneinsteiger in drei Monaten bereits neun Trainingsraum-Aufenthalte zu verantworten hatte, was auch angesichts des schon an der vorherigen Schule festgestellten sonderpädagogischen Förderbedarfs im Erziehungsbereich nicht weiter überraschend war. Bei dem nach neun Trainingsraum-Aufenthalten fälligen Elterngespräch erfuhren wir, dass es sich um einen ADHSler handelte, der sich in seiner späteren Schullaufbahn als sehr schwieriger Schüler erwies, da er in der Folge die regelmäßige Einnahme von Ritalin verweigerte.

Während in den 5. und 6. Klassen die Anzahl der Trainingsraum-Aufenthalte der nicht schwierigen Schüler relativ gering ist, verändert sich das Bild in den 7. und 8. Klassen sehr deutlich. Mit Beginn der Pubertät nimmt die Fähigkeit zur Selbstkontrolle dramatisch ab, und die Anzahl der Entsendungen steigt auch bei den ansonsten nicht schwierigen Schülern deutlich an: Insgesamt werden in den 7. Klassen acht sehr schwierige Schüler unterrichtet. Beide Klassen zusammen haben 631 Entsendungen zu verzeichnen. Das ist mehr als ein Drittel aller Entsendungen. Davon sind 416 Entsendungen von den sieben schwierigen Schülern in den siebten Schuljahren zu verantworten.

In der 8. Klasse zeigt sich schon eine deutliche Konsolidierung der Verhaltensweisen. Dabei ist auch das einzige Mädchen der Schule, das vom Störpotenzial in die Rubrik der schwierigen Schüler einzuordnen ist (29 Trainingsraum-Aufenthalte). Dieses Mädchen wurde hauptsächlich in den Trainingsraum entsandt, weil es bei ausdrücklichen Ermahnungen sehr häufig diskutieren wollte und damit die Entsendung provozierte. Es gelang der Schülerin jedoch bis auf einen Fall, sich dann zusammenzureißen und den Konflikt nicht fortzusetzen. In einem Fall war sie so erregt, dass sie sich weigerte, die Klasse zu verlassen und damit den einzigen Unterrichtsausschluss für ein Mädchen verursachte. Erstaunlich sind auch die Trainingsraum-Besuche von zwei Schülern, die am 1.4. bzw. am 3.2. ihren 8. Trainingsraum-Aufenthalt aufweisen und danach bis zum Schuljahresende jede weitere Entsendung vermeiden konnten, um die bei neun Aufenthalten fällige Elternberatung zu umgehen. Hier zeigt sich sehr deutlich, dass es durchaus beruhigende Wirkung auf die Schüler hat, wenn es Konsequenzen für die Trainingsraum-Aufenthalte gibt, die zwar nicht als Sanktion bezeichnet werden können, den Schülern jedoch ziemlich unangenehm sind und ihnen bei der Verhaltenskontrolle helfen.

Ein wichtiges Signal ist auch in den Entsendungen des Schülers 13 zu erkennen. Nach dem Elterngespräch am 3.2. gab es nur noch drei Trainingsraum-Aufenthalte, und der letzte Trainingsraum-Aufenthalt war am vorletzten Schultag, sodass keine Elternberatung mehr möglich war. Aber zwischen dem 20.2. und diesem letzten Eintrag waren viereinhalb Monate ohne Entsendung. Während dieser langen Zeit gelang es dem Schüler, sich nach ausdrücklichen Ermahnungen immer wieder selbst zu kontrollieren, um das nächste Elterngespräch zu vermeiden.

Diese Beispiele zeigen die enorme Wirkung des Trainingsraum-Programms bei Schülern, die als nicht schwierig einzustufen sind. Wenn wir über die Verhaltensverbesserungen bei Schülern im Rahmen des Prozesses diskutieren, sollten wir diese Erfolge anführen, und nicht etwa das Versagen der schwierigen Schüler. Die Vermutung, dass in den höheren Klassen die Anzahl der Trainingsraum-Aufenthalte rapide abnimmt, zeigt die Liste einer 10. Klasse.

Trainingsraumaufenthalte *106*

Klasse: _106_   Schulj.:_2002/ 03_   Halbj.: _1._   Klassenl.: ▬▬▬

Name / Telefon	Trainingsraum / Gespräche									
▬▬▬ , Azzedine	12.9.	8.11.	15.11.							
▬▬▬ , Khalid	18.9.	8.11.	30.1.	24.2.	12.3.	5.5.	(2.5)	17.6.	16.7.	
▬▬▬ , Esra										
▬▬▬ , Astrid										
▬▬▬ , Christian										
▬▬▬ , Jochen	8.11.	13.11.	20.11.	21.11.	4.12	9.12.	(R)19.12.	17.1.	18.2	1.2. ab
▬▬▬ , Abdessamad										
▬▬▬ , Hüseyin	5.11.	19.11.	26.11.	9.1.	28.1.					
▬▬▬ , Jürgen										
▬▬▬ , Fatih	2.5.									

Es handelt sich hierbei um die Schüler, die den mittleren Bildungsabschluss anstreben. Der einzige Schüler mit Verhaltenproblemen musste wegen unzureichender Leistungen die Klasse zum Halbjahr verlassen. Allerdings waren die Probleme durch eine außerschulische familiäre Notsituation aufgetreten, die sich im November plötzlich ergeben und massive Verhaltensänderungen bei dem Schüler hervorgerufen hatte. Trotz intensiver Beratungen des Schülers und der Mutter war keine kurzfristige Konsolidierung des Verhaltens und der Leistungsbereitschaft zu erreichen. Aber ansonsten zeigt die Klasse mit insgesamt 37 Trainingsraum-Aufenthalten ein durchaus zufriedenstellendes Verhaltensbild. Die schon bekannte Strategie zur Vermeidung der Einbeziehung der Eltern bei der 6. bzw. bei der 9. Entsendung zeigt sich ganz deutlich bei dem Schüler 8, der nach der 5. Entsendung ein komplettes Halbjahr ohne weiteren Trainingsraum-Aufenthalt schaffte.

Interessant sind die Klassenlisten auch bei den Elterngesprächen, da hier die Position des Schülers im Gesamtbild der Klasse sehr deutlich dargestellt wird. Zusätzlich kommt der Klassendokumentation auch die Bedeutung eines Registers zu. Da bei allen Trainingsraum-Aufenthalten sowohl die Information des entsendenden Lehrers als auch der Rückkehrplan sofort in einem Klassenordner abgeheftet werden, können diese Dokumente bei anstehenden Beratungen anhand der Daten in der Klassenliste sofort aufgefunden werden. Damit ist aber auch der letzte Dokumentationsschritt bereits angesprochen, nämlich die Aufbewahrung der Infozettel und der Rückkehrpläne im Klassenordner.

Wir erhalten durch diese umfangreichen Dokumentationen exakte Unterlagen für die Elternberatungen, da wir eine umfassende Darstellung über das Verhalten des Schülers im Einzelfall und seine Position innerhalb der Klasse geben können.

Wir haben diese Dokumentationen nur zur Optimierung der Beratungsgespräche eingerichtet und sie werden auch nur zu diesem Zweck genutzt. Schulen, die nach unserer Moderation das Programm eingeführt haben, rufen uns häufig zu Hilfe, weil es bei der Durchführung zu Problemen gekommen ist. Es stellt sich in der Beratung in fast allen Fällen heraus, dass diese Schulen die Dokumentationen als Grundlage zu Sanktionsmaßnahmen missbraucht haben. Es kostet allerdings manchmal auch einige Überwindung, der Versuchung der Sanktion bei den massiven Anhäufungen von Trainingsraum-Entsendungen zu widerstehen. Bei Sanktionen für hohe Entsendungsquoten waren die schwierigen Schüler nicht bereit, die Entsendungen zum Trainingsraum konfliktfrei zu akzeptieren. Wir werden dieses Phänomen später bei den systemischen Folgen des Prozesses noch einmal ausführlicher behandeln müssen. Zunächst wollen wir uns jedoch dem schulspezifischen Beratungskonzept der Lessingschule zuwenden. Dieses Konzept ist eng mit den personellen Ressourcen der Schule verknüpft und muss daher an jeder Schule anders ausgestaltet werden.

 # 3. Das Beratungskonzept

Für uns war bei der Einführung des Trainingsraum-Programms an unserer Schule geplant, dass das vorhandene Beratungskonzept durch den Prozess neue Akzente erhalten musste. Dabei waren wir uns schon vorher darüber im Klaren, dass die Beratungen der Eltern einen wesentlich breiteren Raum einnehmen würden. Wegen der festgeschriebenen Beratungsrhythmen erwarteten wir eine vermehrte Beratung von Eltern schwieriger Schüler. Diese Beratungen sollten an die Stelle der bislang üblichen, negativ vorgeprägten Elternkontakte im Rahmen von Ordnungsverfahren treten. Wir haben durch diese Form der Beratung die Ordnungsverfahren für Unterrichtsstörungen schwieriger Schüler völlig abschaffen können.

Die Verlagerung der Elternkontakte bedingte allerdings auch personelle Konsequenzen. Es musste sich ein Kollege bereit erklären, sich zum Beratungslehrer ausbilden zu lassen, um eine kompetente Elternberatung zu gewährleisten. Dabei kam uns zugute, dass

Karin Nießen bereits eine Ausbildung zur Triple P-Elterntrainerin (s. S. 75) abgeschlossen hatte und sich in einer Ausbildung zur psychologischen Beraterin sowie in einer Beratungslehrerausbildung befand.

Unser Beratungskonzept ist im Wesentlichen auf diese personellen Rahmenbedingungen ausgerichtet. Allerdings sei zur Ermunterung anderer Schulen vermerkt, dass jede Schule die Möglichkeit hat, einen oder mehrere Beratungslehrer mit entsprechendem Stundendeputat zu bestellen, sobald ein Kollege bereit ist, eine Ausbildung zum Beratungslehrer zu beginnen. In NRW kann für die Beratungsarbeit an Schulen für je angefangene 200 Schüler eine Wochenstunde von der Lehrerkonferenz zur Verfügung gestellt werden. Bei erschwerten Bedingungen erhöht sich dieser Stundenanteil auf eine Stunde für jeweils 100 angefangene Schüler. Dies war für viele der moderierten Schulen ein Motiv, einen Beratungslehrer einzusetzen. Wir haben außerdem festgestellt, dass in vielen Kollegien die Bereitschaft zur Kompetenzerweiterung im Beratungsbereich vorhanden ist. Viele junge, aber auch ältere Lehrer waren sowohl an der Ausbildung zum Beratungslehrer als auch zum Triple P-Elterntrainer interessiert.

■ Das Elterngespräch

Aber selbst bei weniger günstigen personellen Vorbedingungen bietet das Beratungsumfeld des Trainingsraum-Programms völlig neue Chancen in der Elternberatung. Dabei kommen uns die Dokumentationen sehr zu Hilfe. Aber auch die Tatsache, dass wir als Schule im Rahmen des Trainingsraum-Programms nicht mit erhobenem Zeigefinger auf die Eltern zugehen, eröffnet uns die Möglichkeit, in eine Erziehungspartnerschaft mit den Eltern einzutreten.

Mit dieser Zielvorstellung geht der Beratungslehrer in das erste Elterngespräch, das nach neun Entsendungen stattfindet. Da die Entsendungen des gesamten Jahres gezählt werden, kommt es im Laufe des 2. Halbjahres häufiger zu Beratungsterminen mit den Eltern nicht schwieriger Schüler. Um den Eltern schon im Vorfeld die Notwendigkeit erzieherischer Maßnahmen aufzuzeigen und eigene Erziehungsstrategien anzuwenden, werden die Eltern nach sechs Entsendungen auf das mögliche Elterngespräch hingewiesen (s. Kopiervorlage „Elternmitteilung", S. 142). Nach drei weiteren Entsendungen erfolgt dann das erste Elterngespräch. Dieses Gespräch bietet die Möglichkeit, auch mit den Eltern in Kontakt zu treten, die nur geringe Erziehungsprobleme mit ihren Kindern haben (s. Kopiervorlagen „1. Einladung zum Elterngespräch", S. 142 und „2. Einladung zum Elterngespräch", S. 143).

Wichtiger und auch dringender sind die zeitnahen Beratungstermine mit den Eltern der schwierigen Schüler, die manchmal schon nach wenigen Wochen erforderlich werden. Besonders bei diesen Eltern gilt es zunächst, eine Vertrauensbasis zu schaffen. Wir hören immer wieder: *„Was denken Sie, wie oft ich schon in der Grundschule zur Schule kommen musste!"* Schon in der Formulierung ist die negative Vorprägung deutlich zu erkennen. Hier sind schon Vorurteile gegen schulische Elternberatung zu spüren, die es zunächst abzubauen gilt. Besonders dem Erstgespräch kommt eine besondere Bedeutung zu. Es muss den Eltern klargemacht werden, dass sie nicht als Beschuldigte, sondern als Partner im gemeinsamen Bemühen um ihr Kind akzeptiert werden.

Wir müssen von Anfang an den Eltern das Gefühl geben, dass wir auf Augenhöhe mit ihnen reden und dass sie für uns genauso wichtige Informationsträger sind wie wir für sie. Nur so kann ein ganzheitliches Bild der Verhaltensweisen des schwierigen Schülers gezeichnet werden. Und nur auf dieser Basis lässt sich ein gemeinsames Konzept zur Verbesserung der Situation des schwierigen Kindes in der Schule und im Elternhaus entwickeln. Dabei haben sich unsere Dokumentationen als sehr hilfreich erwiesen.

Die Eltern erkennen nicht nur die Häufigkeit der störungsbedingten Entsendungen, sie erkennen auch die außergewöhnliche Störhäufigkeit ihres Kindes im Vergleich zur übrigen Klasse. Und genau an dieser Stelle, an der früher Ausflüchte und Schutzbehauptungen vorgebracht wurden (*„Die Lehrer haben auch einen besonderen Kick auf meinen Sohn"*, oder *„Alle stören, nur mein Sohn wird immer wieder erwischt"*, oder *„Zu Hause ist er aber ganz brav!"*), sind Eltern auf Grund der gesicherten Fakten bereit, mit der Schule zusammenzuarbeiten. Dann hören wir endlich die verbindenden Worte: *„Zu Hause ist er genau so. Was können wir denn daran machen?"* Wenn diese Bereitschaft zu gemeinsamen Überlegungen vorhanden ist, kann eine Erziehungspartnerschaft erfolgreich sein.

Die erste Minute einer solchen Beratung ist oft entscheidend. Ein einziges falsches Wort zum falschen Zeitpunkt wird zum Türschließer und kann alle Bemühungen um Erziehungspartnerschaft in Frage stellen. Es ist daher äußerst wichtig, durch das äußere und innere Bedingungsfeld eine Atmosphäre zu schaffen, in der Eltern und Lehrer sich gleichermaßen wohlfühlen. Das erste Gespräch dient im Wesentlichen dem Informationsaustausch. Die Schule informiert die Eltern über die Normabweichungen ihres Kindes und die Eltern sind gegebenenfalls dann auch bereit, ihrerseits Informationen über die familiäre Situation, das häusliche Verhalten, bereits durchlaufene Instanzen, durchgeführte Untersuchungen und Therapien abzugeben. Der Beratungslehrer darf allerdings hier nicht drängeln. Er muss sehr sensibel für die Grenzen der Informationsbereitschaft sein. Die Eltern müssen im Sinne des Prozesses sicher sein, dass sie respektvoll behandelt werden. Wir können ja davon ausgehen, dass die Eltern schwieriger Schüler auf Grund der häufigen Entsendungen noch öfter zu einem Beratungsgespräch kommen werden. Daher ist es bei diesen Eltern wesentlich wichtiger, zunächst eine Vertrauensbasis zu schaffen als möglichst viele Informationen zu bekommen. Nur so kann der Grundstein für eine lang andauernde Erziehungspartnerschaft gelegt werden. Wenn die Not beim ersten Gespräch schon deutlich sichtbar ist, können auch hier schon gemeinsame Lösungen gesucht werden. Allerdings sollte der beratende Lehrer vermeiden, konkrete Ratschläge zu geben, um nicht den Eindruck zu erwecken, die Eltern bevormunden zu wollen. Der Lehrer kann durchaus Vorschläge machen, muss aber den Eltern den Raum zur eigenen Entscheidung überlassen. Reine Ratschläge haben die fatale Wirkung, dass Eltern sich unterlegen fühlen. Es ist eben sehr schwierig, die bekannte und als wenig fruchtbar erkannte Form der bisherigen Elterngespräche zu verlassen und eine neue Gesprächsebene zu finden.

So sind die Pläne des Ministerpräsidenten Oettinger in Baden-Württemberg zur Einführung verbindlicher Erziehungsgespräche auf herbe Kritik seitens der Lehrer gestoßen. Zum einen moniert der Vorsitzende der GEW, dass zunächst gegenseitiges Vertrauen entwickelt werden muss, zum anderen gibt die Vorsitzende des Landeselternbeirates zu bedenken, dass viele Eltern nicht über Zwang zu einer Erziehungspartnerschaft geführt werden können. Dies zeigt die festgefahrenen Positionen im Verhältnis zwischen Eltern und Schule und auch die dringende Notwendigkeit zum Umdenken. Wir müssen neue Ideen in die Erziehungspartnerschaft einbringen, wenn wir überhaupt zu einer solchen Neuorientierung im Lehrer-Elternverhältnis kommen wollen. Das gilt für Eltern wie auch für Lehrer. Die Lehrer müssen den Eltern zugestehen, positive Anregungen in die Erziehungspartnerschaft einbringen zu können. Und die Schule muss ihrerseits in der Lage sein, konkrete Hilfen anzubieten. So kann es vorkommen, dass der Beratungslehrer den Eltern vorschlägt, am Elterntraining teilzunehmen. Auch hier ist sehr viel Sensibilität nötig, sonst entsteht bei den Eltern leicht der Eindruck: Ich habe mein Kind schlecht erzogen, jetzt muss ich Erziehen lernen! Wie anders klingt es jedoch, wenn der Beratungslehrer sagt: *„Könnten Sie sich vorstellen, in einem Elterntraining noch andere Strategien zur Erziehung von schwierigen Kindern kennen zu lernen?"*

■ Das Triple P-Elterntraining

Wir bieten Eltern ein kostenloses Elterntraining nach dem Triple P-Programm an. Dieses Programm eignet sich gerade für unsere Eltern besonders gut, da es sich um ein rein verhaltensorientiertes Programm ohne theoretische Begleitinhalte handelt. Es ist auf den Alltag unserer Eltern zugeschnitten und nimmt auch in der Ausbildungsstufe nur einen geringen Zeitrahmen in Anspruch. Es beinhaltet jedoch ein umfangreiches individuelles Beratungsangebot, das sich an die reine Ausbildung anschließt und von den Eltern gerne in Anspruch genommen wird. Das Triple P-Programm ist in seinen logischen Konsequenzen und seiner schlichten, leicht nachvollziehbaren Struktur dem Trainingsraum-Programm sehr ähnlich. Das Verfahren wird an unserer Schule auch in besonderen Kursen mit den Abschlussschülern bearbeitet und findet bei den jungen Menschen sehr viel Anklang. Wir können an dieser Stelle nur einen kurzen Überblick über den Verlauf und die wesentlichen Inhalte des Programms geben:

Was ist Triple P?

Triple P (Positive Parenting Program, Positives Erziehungsprogramm) ist ein hauptsächlich präventives Programm zur Unterstützung von Familien und Eltern bei der Kindererziehung.

Es wurde in zwölfjähriger Forschung an der Universität von Queensland, Australien unter der Leitung von Professor Matthew Sanders entwickelt. Durch enge Zusammenarbeit mit Familien sind die dortigen Parenting–and–Family–Support–Centre praxisnahe Erziehungshilfen entstanden, die den Umgang mit häufigen kindlichen Verhaltensproblemen erleichtern.

In Deutschland wurde das Programm von der Christoph-Dornier-Stiftung zusammen mit der Technischen Universität Braunschweig bekannt gemacht.

Ziel des Positiven Erziehungsprogrammes ist es, Eltern Anregungen zu geben, die ihnen helfen können, eine gute Beziehung zu ihrem Kind aufzubauen und es in seiner Entwicklung zu unterstützen.

Der Ansatz stützt sich auf den augenblicklichen klinisch-psychologischen Wissensstand, ist international anerkannt und wurde bereits von vielen Eltern als hilfreich empfunden.

Das Triple P-Elterntraining

▶ Aktives Training von verschiedenen Erziehungsfertigkeiten
▶ Anwendung der Fertigkeiten in der eigenen Familie und auf individuelle Situationen
▶ vier zweistündige Gruppensitzungen, danach vier individuelle Telefonkontakte à 20 Minuten

Den Eltern wird in vier Gruppensitzungen eine umfassende Palette verschiedener Erziehungsstrategien vermittelt. Diese werden zu Hause ausprobiert und in der Folgesitzung besprochen.

Im Anschluss an das achtstündige Elterngruppentraining haben die Eltern die Möglichkeit in den folgenden Wochen vier individuelle Telefonkontakte von jeweils 20 Minuten – wahrzunehmen.

Hierbei werden Fortschritte, Fragen und eventuell auftretende Schwierigkeiten mit der Triple P Trainerin diskutiert. Dies dient der Stabilisierung der neu erlernten Strategien und unterstützt deren Übertragung auf zukünftig auftretende Probleme.

„Triple P-Elterntraining" (Auszug aus dem Flyer von K. Nießen)

Es ist immer wieder dasselbe Prinzip, das in diesen Elterngesprächen zum Tragen kommt. Höchstes Ziel ist die Erziehungspartnerschaft, um die familiären und schulischen Erziehungsbemühungen zu bündeln. Es ist auch sehr wichtig, dass die Eltern erkennen, dass der Trainingsraum-Prozess kein sanktionäres System ist, sondern sich nur auf der Beratungsebene bewegt. Dann kann man die Eltern davon überzeugen, bei der Rückkehr nach Hause auf jede Sanktion gegen das Kind zu verzichten und verständnisvoll auf die Normabweichung zu reagieren. Sonst wäre die Ausrichtung des Prozesses in Frage gestellt und das Elternverhalten wäre kontraproduktiv.

Bei der Arbeit mit den schwierigen Schülern wird es immer wichtiger, dass auch die Eltern bereit sind, die gemeinsamen Erziehungsziele durch eine positive Unterstützung der schulischen Belange zu ergänzen. Dies bezieht sich nicht nur auf das Arbeits- und Lernverhalten, sondern auch auf die Wahrnehmung außerschulischer Angebote. Wir brauchen als Schule die Hilfe der Eltern, wenn wir mit unseren erzieherischen Sondermaßnahmen auch unsere schwierigen Schüler erreichen wollen. Ein besonders gutes Beispiel sind Antiaggressions- und Verhaltenstrainings, die dank guter Zusammenarbeit mit dem zuständigen Jugendamt immer wieder angeboten werden können. So haben fast alle schwierigen Schüler der Schule mit Unterstützung der Eltern in diesem Schuljahr an einem SAD-Training (Selbstbehauptung – Antiaggression – Deeskalation) teilgenommen und dabei enorme Fortschritte auch im außerschulischen Verhalten gemacht.

UNSERE ERFAHRUNGEN

Wir haben das Elterntraining bisher mit ca. 70 Eltern durchgeführt. Selbst Eltern mit fremdsprachlichem Hintergrund haben die Kurse erfolgreich absolviert – einmal sogar mit Unterstützung einer Übersetzerin. Es zeigt sich in der Praxis, dass die meisten Eltern nicht bereit sind, sich in größeren Kursgruppen offen zu äußern. Daher sind die Kurse meist mit zwei bis drei Eltern besetzt, die aber sehr intensiv mitarbeiten. Die Erfolge der Elternkurse sind meistens deutlich im veränderten Schülerverhalten zu erkennen. Und die Eltern bestätigen uns, dass auch der gegenseitige Umgang in der Familie viel entspannter geworden ist. Auch ein neues Vertauensverhältnis zwischen Schule und Elternhaus der schwierigen Schüler ist festzustellen. Dies ist vor allem bei den ausländischen Eltern von großer Bedeutung für die integrativen Bemühungen der Schule. Bisher haben mehr als 150 Schüler dieses Elterntraining erfolgreich absolviert. Davon 50 % Schüler mit Migrationshintergrund.

Es ist abwegig zu vermuten, die gemeinsamen Strategien würden die Zusammenarbeit zwischen den Eltern der schwierigen Schüler und der Schule nach und nach überflüssig machen. Die Beratung und Unterstützung dieser Eltern ist ein jahrelanger Prozess, der im Prinzip erst mit der Entlassung des Schülers endet.

In den bei schwierigen Schülern unvermeidbaren Folgegesprächen wird die Beratung intensiver, die Hilfen für die Eltern und die schwierigen Schüler werden konkreter. Die Schule erhält durch die erweiterte Informationsbereitschaft der Eltern unverzichtbare Kenntnisse über das außerschulische Verhalten in der Gegenwart und in der Vergangenheit. Bei einer entsprechenden Vertrauensbasis sind die Eltern sogar bereit innerfamiliäre Strukturen und Probleme darzulegen, um ein ganzheitliches Erziehungskonzept entwickeln zu können. Jetzt gilt es auch, gemeinsam mit den Eltern das schulische Verhalten anhand der Dokumentationen genauer zu beleuchten und mit dem Verhalten im außerschulischen Bereich abzugleichen. Den Eltern wird klar, dass sie mit ihren Problemen nicht alleine sind und dass sie auch nicht die einzigen sind, die Probleme mit ihrem Kind haben.

■ Weitergehende Hilfsmaßnahmen

Da wir als integrative Schule die schwierigen Schüler auch bei festgestelltem sonderpädagogischem Förderbedarf nicht an eine Sonderschule weiterleiten, können wir das Einverständnis zur Einleitung eines Verfahrens zur Feststellung des sonderpädagogischen Förderbedarfs bei den Eltern fast immer problemlos erhalten und damit den ersten Schritt zur Behandlung der Verhaltensprobleme in Gang setzen. Und da wir mit den Trainingsraum-Unterlagen auch gesicherte Dokumentationen vorlegen können, ist auch die Schulaufsicht in der Regel eher bereit, die Förderbedürftigkeit anzuerkennen.

Bei einem Teil der schwierigen Schüler ist jedoch eine Förderbedürftigkeit bereits in der Grundschule festgestellt worden. Und es sind auch schwierige Schüler wegen des sonderpädagogischen Förderbedarfs an unsere Schule überwiesen worden. Manche dieser sehr schwierigen Schüler haben trotz der entsprechenden Förderung und der gemeinsamen Bemühungen von Schule und Elternhaus ihre Verhaltensweisen nicht wesentlich verbessert. Hier müssen weitere, über die schulischen Möglichkeiten hinausgehende, Maßnahmen ergriffen werden. Da in diesen Fällen die Eltern im familiären Umfeld unter erheblichem Druck stehen, stimmen sie dem Vorschlag einer ausführlichen Diagnostik in der Kinder- und Jugendpsychiatrie oder in einer psychologischen Praxis meist zu. Da die wenigsten Eltern jedoch in der Lage sind, eine solche Diagnostik zu

veranlassen, muss auch hier der Beratungslehrer helfend eingreifen, die Terminverein-
barungen gemeinsam mit den Eltern treffen, die Eltern noch einmal an die Termine erinnern usw. Hier können wir uns nicht auf die Elternzuständigkeit beziehen, da wir genau
wissen, wie wenig Erfahrung die Eltern mit diesem medizinischen Sektor haben und wie
gering zunächst einmal die Bereitschaft ist, den Weg in die psychiatrische Diagnostik zu
beschreiten. Aber gerade bei den schwierigsten Schülern haben auch die Eltern bereits
so große Not und die Einschnitte in das familiäre Gleichgewicht sind so groß, dass sie
bereit sind, jede Hilfe in Anspruch zu nehmen. Es hilft den
Eltern dabei natürlich enorm, dass die Schule
mit ihnen an einem Strang zieht und mit
ihnen ein gemeinsames Ziel ansteuert.

Bei den Helferkonferenzen oder Hilfeplangespräche mit Außenpartnern werden
die Eltern zugänglicher, wenn die
Schule als Vermittler auftritt und die
Eltern sogar auf dem Weg begleitet
oder sogar das Erstgespräch zwischen Eltern und Beratungsstelle
im schulischen Bereich organisiert.
Das Gleiche gilt für die Einschaltung
einer Drogenberatungsstelle. Denn wir
müssen leider immer häufiger feststellen, dass ein Teil der schwierigen Schüler
auch von der Drogenproblematik betroffen ist.

Der schwerste Schritt war bisher die Einschaltung des
Allgemeinen Sozialen Dienstes (ASD) des Jugendamtes, obwohl
hier ein umfangreiches familienbezogenes Hilfskonzept vorliegt. Die meisten Eltern kennen
jedoch weder die ambulante sozialpädagogische Einzelbetreuung in Form des Erziehungs-
beistandes noch die sozialpädagogische Familienbetreuung oder die ambulante Tages-
gruppe. Für sie besteht noch immer das Vorurteil, dass das Jugendamt das Kind in ein
Heim stecken will oder sich zumindest in die familiären Strukturen einmischen will. Wenn
diese Angebote des Jugendamtes allerdings in einem gemeinsamen, schulischen Hilfe-
plangespräch gemacht werden, bei dem Eltern, Lehrer und Mitarbeiter des Jugendamtes an einem Tisch sitzen, bekommt des Jugendamt eine völlig andere Qualität und wird
auch in die Erziehungspartnerschaft einbezogen. Es entsteht ein Netz von internen und
externen Hilfen und Maßnahmen, die auf jeden Einzelfall individuell zugeschnitten werden.

Wir können diesen hohen Beratungsaufwand allerdings nur dann aufrechterhalten, wenn entsprechende personelle Ressourcen auch dauerhaft erhalten werden. Dabei reichen die drei Stunden pro Woche, die der Beratungslehrerin laut Erlass zustehen, natürlich nicht aus. Wir sind daher froh, dass die Schulaufsicht uns noch ein zusätzliches Stundendeputat für das Elterntraining und eine Stunde pro Woche für die Koordination von Schule und Jugendamt zur Verfügung stellt. Ergänzt durch sehr viel Idealismus der Beratungslehrerin und der übrigen Lehrer unserer Schule, können wir dieses umfangreiche Beratungsnetz seit vier Jahren aufrechthalten.

Aber selbst bei wesentlich geringeren personellen Ressourcen sollten die Schulen die Beratungsmöglichkeiten des Trainingsraum-Programms und seiner Dokumentationen nutzen. Kaum eine andere Struktur gibt einen so umfangreichen Einblick in die Normabweichungen eines schwierigen Schülers wie dieser Prozess mit seinen begleitenden Dokumentationen. Eine Zusammenarbeit mit den außerschulischen Partnern ist für die Schule und die Eltern unerlässlich. Diese Partner sind jedoch nur dann zu einer Kooperation bereit, wenn ihnen gesicherte Vorinformationen gegeben werden und die Kooperation auch sichergestellt ist. Es ist daher nicht ungewöhnlich, dass unser Beratungskonzept auch die intensive Zusammenarbeit mit diesen Partnern beinhaltet und dass neben den Vertretern der Schule, der Jugendämter, der Erziehungsberatungsstellen oder der Drogenberatung auch Therapeuten, Psychologen und Ärzte an den Hilfeplangesprächen in der Schule gemeinsam mit den Eltern beteiligt sind. Diese Beteiligungen sind für die Eltern von ganz besonderer Bedeutung, weil sie hier erkennen, wie wichtig sie als Eltern genommen werden und wie ernsthaft die Schule um die Erziehungspartnerschaft mit den Eltern der schwierigen Schüler bemüht ist. Gerade diese Ernsthaftigkeit und das damit verbundene Vertrauensverhältnis geben den Eltern den Mut, die familiäre Situation in das Gesamtkonzept einzubringen und damit eine ganzheitliche Strategie zur Verbesserung der Problematik der schwierigen Schüler zu ermöglichen.

Ergebnisse und Erfahrungen

Als Initiatoren der Einführung des Trainingsraum-Programms an unserer Schule stellen wir uns nach vierjähriger Arbeit mit dieser Methode die Frage: Hat sich durch die Einführung des Programms an unserer Schule etwas verändert? Welche Vor- und Nachteile haben die Schüler, Lehrer, Eltern und die Schulleitung dadurch? Wenn es den Lehrern schlecht geht, geht es auch den Schülern nicht gut, und somit haben dann auch die Eltern und die Schulleitung Probleme. Wir fangen mit den Lehrern an, weil sie vordergründig am deutlichsten vom Prozess profitieren.

1. Die Veränderungen ...

■ ... für die Lehrer

Wir möchten noch einmal an die Einleitung zu unserem Buch erinnern, in der wir die Hilflosigkeit, die Ängste und die Belastung der Lehrer durch die Unterrichtsstörungen der vornehmlich schwierigen Schüler geschildert haben. Doch hat sich die Situation für die Lehrer durch das Trainingsraum-Programm verbessert? Bei unseren Moderationen haben wir immer wieder feststellen müssen, dass die Notlage der Lehrer angesichts der ständig steigenden Zahl von schwierigen Schülern einen Heißhunger auf neue Konzepte weckt. Es hat bei 30 Fortbildungen mit ca. 1000 beteiligten Kollegen in den Trendabstimmungen zwar einige Enthaltungen, aber noch nie Gegenstimmen gegen das Trainingsraum-Konzept gegeben. Wir haben Fälle erlebt, wo Kollegien voller Erstaunen feststellen mussten, dass selbst „Neinsager" des Kollegiums zum ersten Mal mit „Ja" stimmten. Für uns sind das deutliche Signale, dass es Veränderungen geben muss. Diese Veränderungen können nur dann akzeptiert werden, wenn sie auch deutliche Verbesserungen für die Situation der Lehrer innerhalb des Prozesses bringen. Die Einführung des Trainingsraum-Programms wäre reiner Aktionismus und zum Scheitern verurteilt, wenn nicht auch zeitnah positive Veränderungen deutlich würden. Wenn die Lehrer der Lessingschule das Trainingsraum-Programm seit vier Jahren unverändert anwenden, so zeigt sich hier eine Langlebigkeit, wie sie sonst bei Konferenzbeschlüssen nicht üblich ist. Die überdurchschnittliche Lebensdauer ist nur durch den starken Entlastungsfaktor zu erklären, den auch eine Untersuchung der Ev. Fachhochschule Bochum aufzeigt. Laut dieser Untersuchung sind 99,8 % der Lehrer überzeugt, durch den Prozess entlastet zu werden.

Untersuchung der Ev. Fachhochschule Bochum vom Sommer 2004*.
521 Lehrer/innen aus 87 Schulen in NRW, die das
Trainingsraum-Programm durchführen, haben so geantwortet:

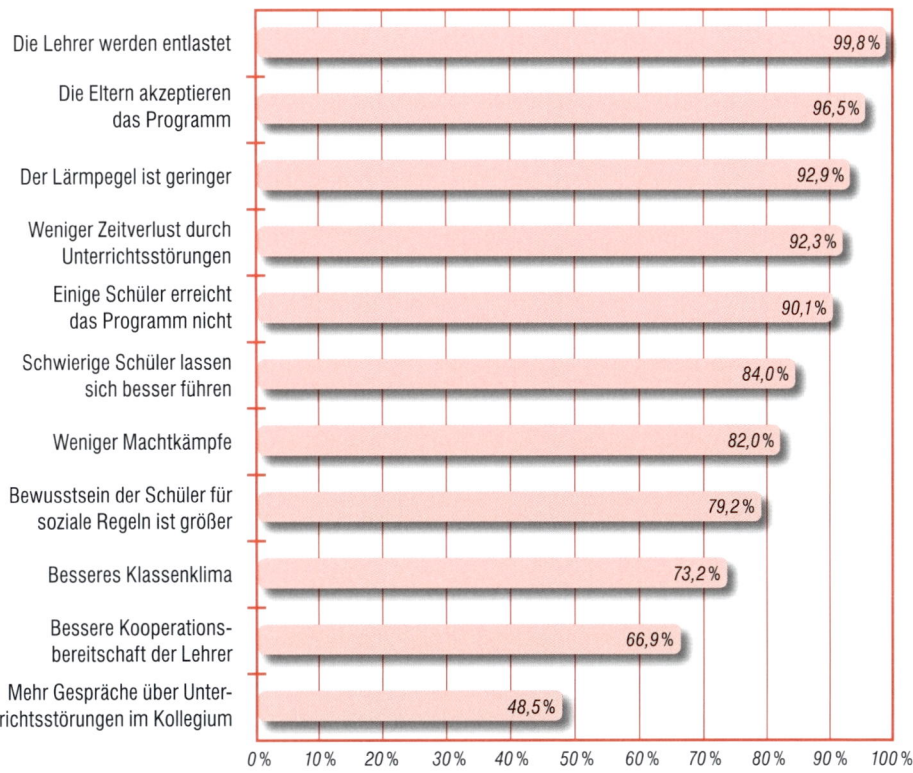

Die Lehrer werden entlastet	99,8%
Die Eltern akzeptieren das Programm	96,5%
Der Lärmpegel ist geringer	92,9%
Weniger Zeitverlust durch Unterrichtsstörungen	92,3%
Einige Schüler erreicht das Programm nicht	90,1%
Schwierige Schüler lassen sich besser führen	84,0%
Weniger Machtkämpfe	82,0%
Bewusstsein der Schüler für soziale Regeln ist größer	79,2%
Besseres Klassenklima	73,2%
Bessere Kooperationsbereitschaft der Lehrer	66,9%
Mehr Gespräche über Unterrichtsstörungen im Kollegium	48,5%

0%   10%   20%   30%   40%   50%   60%   70%   80%   90%   100%

Informationen nach: Balz, H.-J. (Hrsg.): Eigenverantwortliches Handeln im Unterricht – Das Trainingsraumprogramm im Urteil von Schülern und Lehrern, Bochum 2006.

Zeitgewinn

Ein deutlicher Zeitgewinn ergibt sich aus der Reduzierung der Unterrichtsausfälle durch Störungen und deren Behebung, durch den Wegfall von Diskussionen um Ermahnungen, Sanktionen und Schuldzuweisungen. Auch hier gibt es aussagekräftige Ergebnisse der Lehrerbefragung der Evangelischen Fachhochschule Bochum (s.o). Die Begleiterscheinungen des Zeitgewinns durch den Prozess sind offensichtlich: Die gewonnene Zeit dient zum einen dazu, das Stoffvolumen zu erhöhen, aber zum anderen dazu – und das war für unsere Schüler von entscheidender Bedeutung –, die Schüler intensiver in ihren Lernfortschritten zu beobachten und individuelle Fördermaßnahmen einzusetzen.
Der Zeitfaktor ist auch aus anderen Gründen von Bedeutung. Wenn es um die personellen Ressourcen für die Beratung im Trainingsraum geht, sollte man sich an die erheblichen Zeitgewinne durch den Prozess erinnern.

Übereinstimmend haben unsere Kollegen auch bestätigt, dass sie seit Einführung des Programms endlich Zeit für die weniger schwierigen Schüler haben. Sie können sich auch endlich einmal um die Stillen in der Klasse und um deren Bedürfnisse kümmern. Sie reiben sich nicht mehr in Vermeidungs- und Verteidigungsstrategien auf, sie haben wieder Raum und Kraft, besonders diese Schüler aufzumuntern, zu motivieren, zu unterstützen und zu fördern. Damit ist auch ein Respektgewinn bei den nicht schwierigen Schülern und deren Eltern verbunden. Denn den größten Gewinn bei der Einführung des Trainingsraum-Programms scheinen neben den Lehrern die lernbereiten Schüler zu machen.

Senkung des Lärmpegels

Eine weitere positive Veränderung für alle, so hat sich gezeigt, ist die Senkung des Lärmpegels in der Klasse (s. Abb. S. 89). In einer ruhigen Klasse bleibt sehr viel mehr Raum für pädagogisches Handeln, für Gespräche, Gedanken und vor allem für Konzentration. Der Lehrer kann sich in dieser Atmosphäre auch schon einmal einem einzelnen Schüler zuwenden, sei es, um ihm etwas zu erklären, sei es, um ihn persönlich anzusprechen, ihn zu loben oder ihn zu ermutigen. Er hat viele pädagogische Freiräume, die er vorher nie hatte, weil gerade die schwierigen Schüler in solchen Situationen immer wieder ausflippten, weil sie sich unbeobachtet fühlten oder weil sie in solchen Augenblicken auch Zuwendung einforderten. So hat der Lehrer jetzt auch einmal Zeit, sich diesen Schülern vorbehaltlos zuzuwenden. Diese neuen Erfahrungen sind nicht nur für den Unterricht von Bedeutung, auch die innere Befindlichkeit des Lehrers ist in dieser Atmosphäre wesentlich lockerer und entspannter. Er steht nicht mehr unter dem Dauerstress der Negativeinflüsse der schwierigen Schüler. Die Angst vor den schwierigen Schülern und deren Störungen ist weitgehend abgebaut, da er jetzt über Strategien verfügen, diese Störungen konfliktfrei zu beseitigen. Gerade die Reduzierung des Lärmpegels dient in besonderem Maße der konfliktfreieren Problemlösung. Wir haben an unserer Schule die Erfahrung gemacht, dass schon die Tatsache, dass der Lehrer die störenden Schüler anschreien musste, um sich Gehör zu verschaffen, von den schwierigen Schülern als Angriff gewertet wurde und zu einer entsprechenden aggressiven Gegenreaktion geführt hat. Und wenn es nur die Bemerkung war:

 **„Weshalb schreien Sie mich an?"**

Denn diese Bemerkung war meist schon der Einstieg in den Konflikt. Wie viel angenehmer und professioneller ist die ruhige Bemerkung: *„Du störst den Unterricht. Ich gebe dir eine ausdrückliche Ermahnung."* All dies ist durch die lärmreduzierte Unterrichtssituation ohne Weiteres möglich geworden. Natürlich ist auch hier der Idealzustand der absoluten Ruhe nicht immer zu erreichen, aber es sind klare Fortschritte gegenüber dem alten Zustand erkennbar.

<h2 style="text-align:center">Mehr Gelassenheit</h2>

Bald nach der Einführung des Trainingsraum-Programms an unserer Schule stellte ein Kollege erstaunt fest, dass er dank der Möglichkeiten des Prozesses nachsichtiger und toleranter gegenüber seinen Schülern wurde. Er konnte über gute Scherze lachen und manchen unbedachten Ausrutscher eines schwierigen Schülers mit Nachsicht übersehen oder überhören, da er nicht befürchten musste, dass der Unterricht aus dem Ruder lief. Und wenn er den Unterrichtsfluss in Gefahr wähnte, reagierte er gelassen mit der ausdrücklichen Ermahnung bzw. der Entsendung in den Trainingsraum, und dies zwar konsequent, aber in aller Freundschaft. Sein Unterricht war nach eigenem Bekunden dadurch nicht störanfälliger geworden und zudem wesentlich stressfreier. Denn auch für einen strengeren Lehrer ist es sehr anstrengend, immer auf der Hut sein zu müssen, um den Anfängen zu wehren und in jeder Minute des Unterrichts ein Auge auf den schwierigen Schülern zu haben. Außerdem wusste der Kollege, dass besonders die schwierigen Schüler nach seinen Unterrichtsstunden bei dem folgenden Kollegen noch schwieriger waren, denn hier wurden unter Umständen der aufgestaute Bewegungsdrang und der Stress abreagiert.

Respekt

Der Lehrer, der ohne Angst, aber auch ohne Aggression professionell mit den schwierigen Schülern umgehen kann, gewinnt Achtung und Ansehen bei den Schülern: bei den lernbereiten Schülern, weil er ihnen bessere Lernmöglichkeiten eröffnet und bei den schwierigen Schülern, weil er gelassen und ohne Respektlosigkeiten auf ihre Unterrichtsstörungen reagiert. Er schreit sie nicht an, er beleidigt sie nicht durch ironische oder sarkastische Bemerkungen, er demütigt sie nicht, er bestraft sie nicht, sondern er gibt ihnen eine legale Auszeit mit der Möglichkeit, selbständig über Verhaltensänderungen nachzudenken. In dem hergebrachten System musste der Lehrer von Amts wegen den Konflikt mit dem Schüler als Sieger beenden, sonst war er in den Augen der Schüler, der Kollegen, der Eltern, aber auch in den eigenen Augen schwach und unfähig. Dieses Defizit wurde durch die Einstufung der Schüler und Eltern, aber auch der Kollegen unterstützt, die allesamt die Qualität der Lehrer in einem System nach der Strenge und Härte den Schülern gegenüber klassifizierten. Jetzt haben alle Lehrer die gleiche Chance, durch Konsequenz und Gelassenheit den Respekt von Schülern, Eltern und Kollegen zu gewinnen und sich selbst aus der Angstfalle zu befreien. Die Wichtigkeit des Respekts, eines leider oft in Vergessenheit geratenen Wertes, wird in der deutschen Schullandschaft seit den 68ern leider stark unterschätzt. Das Magazin „Stern" hat in einer Reihe über alte, neu zu belebende Werte dem Respekt eine mehrseitige Würdigung als wichtigem Wert auch in der industriellen Gesellschaft zugestanden und hat dabei festgestellt, dass auch moderne Betriebe auf diesen Wert nicht verzichten können. Umso erstaunlicher ist die Tatsache, dass in den Schulen, den Erlassen und Richtlinien dieser Wert nicht mehr erwähnt wird.

Respekt ist auch das Hauptziel von E. Ford, der ein Klima des gegenseitigen Respekts als wichtigste Forderung des Programms formuliert. In diesem neuen Klima des Respekts liegt auch die besondere Chance für den Lehrer: Er erfährt eine neue Wertigkeit bei Schülern und Eltern, die oben geschilderte Hilflosigkeit bei Unterrichtsstörungen weicht einer professionellen Sicherheit im Umgang mit Störungen und damit auch im Umgang mit schwierigen Schülern. Er weiß, was bei Unterrichtsstörungen getan werden muss und kann diese Maßnahmen auch konsequent, professionell und ohne Furcht einsetzen.

Grenzen setzen

Beim Trainingsraum-Programm setzt der Lehrer die Grenzen für die Schüler. Er entscheidet in eigener Verantwortung, wann eine Unterrichtsstörung vorliegt. Der Lehrer kann auch schwierigen Schülern gegenüber Verständnis und Toleranz zeigen, ohne dass die Gefahr der Ausuferung und damit der Destruktion seines Unterrichtes besteht. Eine Bestrafung des Schülers mit all ihren negativen Begleiterscheinungen entfällt mit dem Trainingsraum-Programm. An deren Stelle tritt eine logische Konsequenz, über die der Lehrer nicht lange nachdenken muss und bei der vor allen Dingen kaum Konflikte auftreten können. Der Lehrer geht mit einer festen Struktur zur Behebung von Störungen in den Unterricht. Wie sich zeigte, kann er es sich sogar leisten, an einem Tag dünnhäutiger als an anderen Tagen zu sein, da er alle Schüler gleich behandelt. Da er nicht sanktioniert, ist er auch nicht ungerecht. Und er ist auch von der leidigen Pflicht entbunden, sich in einem per Konferenzbeschluss aufoktroyierten Bestrafungskatalog zu bewegen. Denn allzu oft haben die Lehrer in so durchstrukturierten Vorgaben für Bestrafungen Entscheidungen treffen müssen, die sie eigentlich nicht authentisch vertreten konnten.

Gewaltprävention

In der Regel erfährt ein schwieriger Schüler ständige Niederlagen. Denn der Lehrer muss in den Konflikten mit ihm von Amts wegen als Sieger hervorgehen. Ansonsten verliert er an Ansehen bei den übrigen Schülern, bei den Kollegen und Eltern. Der besiegte und zuweilen auch vor der Klasse blamierte Schüler braucht ein Ventil für seine aufgestaute Wut. Er wird in der nächsten Unterrichtsstunde eines weniger strengen Lehrers versuchen, sich zu rächen, diesen Lehrer verstärkt unter Druck setzen und vermehrt durch Störungen auffallen. So kann die Situation weiter eskalieren oder er versucht in den Pausen seine Niederlage durch Angriffe auf schwächere Schüler zu kompensieren. Doch durch den konfliktfreien Ablauf des Trainingsraum-Programms kann der Lehrer sehr viel Gewaltpotenzial in der Klasse reduzieren.

Außerdem hat der Lehrer endlich die Möglichkeit, durch sozialisierende Arbeitsformen neue erzieherische Ziele im Unterricht zu verwirklichen. Hier geht es um die Erziehung zur Selbstständigkeit, zur Teamfähigkeit, zur Rücksicht auf andere und zu all den anderen Erziehungswerten, die der Lehrer durch entsprechende, freie Unterrichtsformen anstreben kann, wenn er durch den Prozess die Freiräume für diese Methoden gewinnt und wenn er durch das wieder gewonnene Selbstvertrauen den Mut dazu hat.

Erziehungsfreiräume

Häufig haben wir in Fortbildungen den Vorwurf gehört, dass die Erziehungskompetenz des Klassenlehrers durch das Programm beschnitten wird. Dies ist jedoch nicht der Fall: Bisher bestand die erhöhte Erziehungskompetenz des Klassenlehrers leider allzu oft darin, dass er, stellvertretend für die Fachlehrer seiner Klasse, einzelne Schüler disziplinierte und gegebenenfalls auch sanktionierte, indem er z.B. Klassenkonferenzen für schwierige Schüler einberief. Er musste, besonders häufig bei schwierigen Schülern, in Vertretung der Fachlehrer, die erzieherische „Keule" schwingen, obgleich er selbst unter Umständen keine Probleme mit dem Schüler hatte. Er verlor so das Vertrauen der schwierigen Schüler und hatte keine positive Einflussmöglichkeit auf deren Verhalten mehr. Seit der Einführung des Trainingsraum-Programms sind die Erziehungsfreiräume der Klassenlehrer wesentlich größer geworden. Die Klassenlehrer können sich jetzt verstärkt den sozialen Erziehungszielen in der Klasse zuwenden. In diesem Sinne wird auch die Position der Fachlehrer in einer Klasse gestärkt und gefestigt. Der Musiklehrer ist nicht nur für Wissensvermittlung in Musik in ein bis zwei Wochenstunden zuständig, er ist auch Mitarbeiter im Projekt „Klassenerziehung" und erhält dadurch eine neue Anbindung und eine positiv veränderte Aufgabenstellung.

UNSERE ERFAHRUNGEN

Wir glauben, dass die Steigerung der Kooperationsbereitschaft (s. Abb. S. 83) sich zum größten Teil auf die Kooperation in der Erziehung bezieht. Sollte nur die Hälfte des Zeitaufwandes für sanktionäre Klassenkonferenzen auf die Entwicklung eines klassenbezogenen Erziehungsteams verwandt werden, so können wir sicher sein, ein völlig anderes Erziehungsmodell mit wesentlich erhöhter Effizienz und wesentlich weniger Stress für den Einzellehrer aufbauen zu können. In diesem Modell können wir uns auch eine veränderte Position der Eltern in einer Erziehungspartnerschaft vorstellen. Wir arbeiten seit der Einführung des Trainingsraum-Programms an diesem neuen Konzept und können deutliche Fortschritte in der Übernahme von Erziehungsaufgaben durch die Lehrer feststellen.

Wenn die Schule sich durch das veränderte Arbeitsklima und die neuen Erziehungsstrukturen wieder verstärkt ihrer Erziehungsaufgabe stellen kann, so gewinnt sie auch wieder an Ansehen in der Gesellschaft. Besonders die im Prozess mögliche Förderung der sozialen Entwicklung der Schüler wird ein wichtiger Beitrag zur Imageverbesserung der Schule sein. Hier liegt die besondere Aufgabe des Klassenlehrers, der als Chef eines Erziehungsteams gemeinsam mit seinen Kollegen diese Ziele verfolgen kann.

■ ... für die lernbereiten Schüler

Zeitgewinn

Wie auch für die Lehrer bedeutet auch für die lernbereiten Schüler die Minimierung der Unterrichtsstörungen mehr Zeit und Ruhe für die Unterrichtsinhalte. Dies zeigte eine Befragung, die wir an unserer Schule vor einiger Zeit durchgeführt haben. Denn selbst sehr konzentrationsfähige Schüler verloren bei wiederholten Störungen den Unterrichtsfaden und brauchten eine geraume Zeit, um ihre Konzentration wiederzufinden. Die Unterrichtsunterbrechungen im Trainingsraum-Prozess sind wesentlich kürzer und vor allem wesentlich stressfreier. Die Wiederaufnahme des Unterrichtsfadens ist daher für alle lernbereiten Schüler sehr viel einfacher. Außerdem bedeutet Zeitgewinn auch mehr Zeit für individuelle Förderung.

Klassenklima

Auch das Klassenklima verbessert sich durch das Trainingsraum-Programm nachhaltig zu einer insgesamt wohltuend ruhigen Unterrichtsatmosphäre (s. Abb. S. 83). Auch verringert sich mit der sinkenden Einflussnahme der schwierigen Schüler auf das Klassenklima auch der Einfluss dieser Schüler in der Klasse insgesamt. Lernbereite Schüler können sich aktiv am Unterricht beteiligen, ohne den Angriffen oder dem Mobbing der schwierigen Schüler ausgesetzt zu sein. Sie finden wieder Beachtung bei den Lehrern und die Lehrer wenden sich ihnen wieder zu. Es entsteht ein neues besseres Verhältnis zwischen den lernbereiten Schülern und dem Lehrer und der gutgelaunte Lehrer, gibt seine gute Laune an die Schüler weiter.

So kann der lernbereite Schüler auch seine Einstellung zu den schwierigen Schülern ändern, die jetzt seine Partner, seine Helfer, seine Mitarbeiter, ja sogar von ihm geförderten Mitschüler sind. Der lernbereite Schüler ist wieder eine gleichwertige Persönlichkeit im Klassengefüge. Er gewinnt an Selbstbewusstsein und an Verantwortungsbereitschaft, wenn er an einer gemeinsamen Aufgabe mit dem schwierigen Schüler zusammenarbeitet, ohne diskriminiert oder gemobbt zu werden.

Aber es darf nicht verschwiegen werden, dass auch die lernwilligen Schüler Unterrichtsstörungen verursachen. Allerdings reagieren die lernbereiten Schüler wesentlich stärker auf ausdrückliche Ermahnungen als die schwierigen Schüler. Hier führen nach unseren

Aufzeichnungen 9 von 10 ausdrücklichen Ermahnungen zu einer nachhaltigen Verhaltensverbesserung. Die lernbereiten Schüler können sich bei einer ausdrücklichen Ermahnung wesentlich besser kontrollieren, da sie die Entsendung auf jeden Fall vermeiden wollen. Das liegt vor allem daran, dass sie die fälligen Elterngespräche umgehen wollen.

Insgesamt hat sich gezeigt, dass es den lernbereiten Schülern wieder mehr Freude macht, zur Schule zu kommen. Die destruktive Auswirkung von Unterrichtsstörungen auf lernbereite Schüler wurde übrigens auch von einigen Schülern unserer Sondermaßnahme für Schulschwänzer bestätigt, die ganz klar sagten, dass sie wegen des stressigen Klassenklimas nicht mehr zur Schule gegangen wären.

◼ ... für die schwierigen Schüler

Dass wir den Umgang mit den schwierigen Schülern als Thema des Buches gewählt haben, liegt an der besonderen Situation der GHS Lessingschule. Als Integrationsschule für lernbehinderte und erziehungsschwierige Sonderschüler waren besondere Ordnungsstrukturen nötig, um einen reibungslosen Unterrichtsablauf zu gewährleisten. Wir werden bei dieser Arbeit von einer angemessenen Zahl von Sonderschullehrern unterstützt. Es ist zwar auch schwierig, lernbehinderte Schüler integrativ zu beschulen, aber im Hinblick auf Unterrichtsstörungen sind diese Schüler eher unauffälliger als alle übrigen Schüler. Und auch von den Schülern mit sonderpädagogischem Förderbedarf in der emotionalen und sozialen Entwicklung werden nicht alle durch besonders viele Störungen auffällig. Da ist z.B. ein autistisches Mädchen, das zwar verhaltensauffällig und förderbedürftig ist, aber nie den Unterricht stört. Oder der Junge, der außerhalb des Unterrichts eine ungewöhnlich hohe Gewaltbereitschaft zeigt, aber der sich im Unterricht völlig regelkonform verhält. Oder gar die regressive Schülerin mit ADS, die zwar Konzentrationsstörungen hat, aber als „Traumprinzessin" nie durch Unterrichtsstörungen auffällt. Also müssen wir uns in der Definition des Begriffes „schwierige Schüler" noch einmal auf die Ausgangsbeschreibung besinnen.

Schwierig sind nur die Schüler, die im Unterrichtsgeschehen durch überdurchschnittlich häufige Unterrichtsstörungen und andere Regelverstöße auffallen und die durch die geringe Wirkung der ausdrücklichen Ermahnung deutliche Mängel in der Selbstkontrolle aufweisen. Sie sind vorher ständig bestraft worden, weil sie durch schwache Selbstwahrnehmung und daraus resultierende hohe Konfliktanfälligkeit von der Norm abgewichen sind. Diese Definition ist rein an den erkennbaren Verhaltensmustern orientiert und sagt absolut nichts über die innere Konditionierung und Zielsetzung dieser Schüler aus.

Die Lehrer-Schüler-Beziehung

Besonders positiv hat sich an unserer Schule das Trainingsraum-Programm auf das Verhältnis von Lehrern und schwierigen Schülern ausgewirkt. Der Lehrer ist nicht mehr der ständig strafende Lehrer für den schwierigen Schüler, und der schwierige Schüler verliert die Rolle des ständigen Sündenbocks, die von ihm persönlich teilweise sogar als Opferrolle empfunden worden war. Er erfährt den Lehrer mehr und mehr als Helfer. Er erkennt ein deutlich nachvollziehbares Lehrerverhalten bei Unterrichtsstörungen, das bei allen Schülern der Klasse gleich ist. Dieses Gefühl der Gleichbehandlung ist für den schwierigen Schüler besonders wichtig, da er im neu gewonnenen Vertrauen in die Gerechtigkeit des Lehrers auch bei fehlender Selbstwahrnehmung die Fremdwahrnehmung des Lehrers als objektiv akzeptiert und dadurch kaum noch die Notwendigkeit von Konflikten sieht. Gerade der schwierige Schüler ist durch die ständige Stigmatisierung in dem alten System in eine Position gekommen, die seine negativen Verhaltensweisen innerhalb und außerhalb des Unterrichts eher verstärkt als abgemindert hat. Allerdings wäre die Hoffnung, nur durch die Einführung des Prozesses aus den schwierigen Schülern lernbereite Schüler zu machen, etwas ver-

früht, denn der schwierige Schüler bleibt weiter schwierig. Er wird auch weiterhin auffallen. Aber das Verhältnis zwischen dem schwierigen Schüler und dem Lehrer wird stressfreier und entspannter.

Die Bemühungen des schwierigen Schülers um Verhaltensverbesserung werden erkannt und, was viel noch wichtiger ist, sie werden anerkannt. Aus dem bisherigen beiderseitigen Misstrauen wird ein angstfreies Schüler-Lehrer-Verhältnis. Auch der schwierige Schüler braucht Anerkennung und Zuwendung, und der Lehrer ist jetzt auch zu einer positiven Beachtung bereit.

Klassenklima

Diese neue Position, die der Lehrer dem schwierigen Schüler einräumt, hat selbstverständlich auch Auswirkungen auf das Verhältnis des Schülers zu seinen Klassenkameraden. Zwar stört der schwierige Schüler auch weiterhin den Unterricht, aber er erhält nun die Beachtung, die seinen Normabweichungen entspricht. Beratungslehrer, Trainingsraum-Lehrer, Klassenlehrer und vor allem auch die Eltern sind bestrebt, ihm mit vereinten Kräften zu helfen. Er fühlt sich beachtet und ernst genommen. Das ist ein krasser Gegensatz zu seinen bisherigen Erfahrungen, bei denen er sich nur abgelehnt, diskriminiert und ausgegrenzt fühlte. Seine Lehrer zeigen zwar weiterhin Grenzen auf, sie bestrafen ihn jedoch nicht wegen des Überschreitens der Grenzen bei Verstößen im Unterricht, sondern unterstützen ihn, indem sie ihm eine hilfreiche Beratung zukommen lassen. Nun sind wir nicht so vermessen, jetzt zu behaupten, damit sei die Welt der schwierigen Schüler endlich in Ordnung. Natürlich ärgert es diese Schüler enorm, wenn sie in den Trainingsraum entsandt werden. Denn ihnen wird auf Grund der stark bindenden Struktur des Prozesses auch keine Chance zur Gegenwehr gegeben, allerdings wird ihnen als Ausgleich die Aufmerksamkeit des Trainingsraum-Lehrers geboten.

Das neue Regelverhalten

Diese straffe Bindung der Prozessstruktur hilft besonders den schwierigen Schülern, da sie am ehesten in Gefahr sind, die Grenzen vorgegebener Regeln zu überschreiten. Und aus unserer Dokumentation des ersten Jahres können wir ablesen, dass 16 Verstöße gegen vorgegebene Regeln mit sofortigem Ausschluss von 6 schwierigen Schülern der Schule verursacht worden sind. Davon hatte ein extrem schwieriger Schüler mit unbehandeltem ADHS und weiteren schwerwiegenden Problemen alleine 12 Ausschlüsse zu verantworten. Dies bedeutet aber auch, dass von den 18 schwierigen Schülern 12 Schüler kein einziges Mal ausgeschlossen worden sind und sich streng an die Strukturregeln gehalten haben. Dieses Ergebnis zeigt deutlich, dass diese Schüler ihr Verhalten geändert haben, in dem Sie die strengen Regeln der Prozessstruktur eingehalten haben.

Die Wirksamkeit des Programms bei schwierigen Schülern

Immer wieder wird die Frage im Kollegium, aber auch bei Fortbildungen gestellt, ob wir durch den Prozess die schwierigen Schüler verbessern konnten. Und leider ist auch bei den Kollegen, die ansonsten den Prozess sehr schätzen und auch konsequent anwenden, die ständige Kritik zu hören, dass die schwierigen Schüler offensichtlich kaum Verbesserungen in ihrem Unterrichtsverhalten zeigen. Auch die Untersuchungen der Evangelischen Fachhochschule Bochum zeigen, dass dieses Problem von den befragten Lehrern als nicht gelöst betrachtet wird. Wir beantworten die häufig gestellte Frage, wie schnell und nachhaltig der Prozess bei schwierigen Schülern wirkt, mit der Antwort: *„Genauso schnell wie Ihre Bemühungen dauern, um aus einem Legastheniker einen sicheren Rechtschreiber zu machen!"* Doch wir konnten im Prozess durchaus positive Erfolge erzielen. Natürlich dürfen hierbei keine zeitnahen, kurzfristigen Erfolge erwartet werden. Aber wenn man diesen Schülern Geduld entgegenbringt und sie immer wieder auf ihr Fehlverhalten hinweist, haben auch sie eine Chance, ihr Verhalten langfristig zu verbessern. Wenn wir nur mehr oder weniger kommentarlos sanktionieren, spürt der Schüler zwar die Strafe, er weiß aber unter Umständen noch nicht einmal, weshalb er bestraft worden ist. Deshalb ist es wichtig, ihnen ihr Verhalten noch am gleichen Tag in einem ausführlichen Gespräch bewusst zu machen.

Motivation

Gerade das Empfinden der ungerechten Behandlung, so hat sich gezeigt, entfällt für die schwierigen Schüler im Trainingsraum-Programm. Waren die schwierigen Schüler vorher oft nur schwer zur Mitarbeit zu motivieren, so hat das Programm eine neue Lern- und Arbeitsbereitschaft bewirkt. Selbst wenn sie noch häufig in den Trainingsraum entsandt werden, so sind doch die Ausfälle an Unterrichtszeit sehr viel geringer geworden. Unsere schwierigen Schüler mussten vor der Einführung des Programms mindestens einmal im Jahr mit einem vorübergehenden Ausschluss von einer Woche rechnen. Außerdem haben wir bei unseren Moderationen erfahren, dass kurzfristige Ausschlüsse durchaus üblich sind. Eine besonders harte Bestrafung ist es für den Schüler, vorübergehend in eine andere Klasse zu kommen, da er jetzt auch noch dem Spott anderer Schüler ausgesetzt ist. Aber auch andere Ausschlüsse, wie die Schüler auf den Flur zu stellen oder in einen Strafraum, waren durchaus übliche Verfahrensweisen an manchen Schulen. Hier geht nicht nur Unterrichtszeit für den schwierigen Schüler verloren, hier werden auch Bestrafungen durchgeführt, die das Verhalten wohl kaum verbessern.

Verbesserungen im Elternhaus

Das Verhältnis zwischen dem schwierigen Schüler und seinen Eltern wird wesentlich entspannter, wenn an die Stelle der ständigen Beschwerden der Schule jetzt konstruktive Hilfeprozesse gestartet werden. Der schwierige Schüler hat schon ein Gespür dafür, dass man ihn im Rahmen des Prozesses mit anderen für ihn hilfreichen Mitteln unterstützen möchte. Das Verhältnis zu den Eltern ändert sich nach und nach. Wir können davon ausgehen, dass durch die Bereitschaft der Eltern, Außenhilfe anzunehmen, neue Erziehungsstrategien im familiären Bereich eingeführt werden. All diese zusätzlichen Hilfen kommen dem schwierigen Schüler zu Hause zugute. An die Stelle zum Teil extremer Strafen, die die gestressten Eltern bisher als einzigen Ausweg sahen, treten Konsequenzen, die zwar auch Grenzen beinhalten, aber für den schwierigen Schüler leichter zu ertragen und zu akzeptieren sind als Freizeitbeschränkungen, Liebesentzug oder Taschengeldkürzungen.

■ ... für die Schüler mit ADHS

Denn wir müssen uns immer wieder vergegenwärtigen, dass bei Schülern mit ADHS Ermahnungen nicht helfen, sondern das Erregungsniveau nur steigern. Hier ergibt sich für die betroffenen Kinder der große Vorteil des Trainingsraum-Programms. Durch die sichere, leicht überschaubare Struktur des Prozesses können die Schüler jeden einzelnen Prozessschritt nachvollziehen und verinnerlichen. Auch wenn er sein Störverhalten nicht wahrgenommen hat, sieht er sich durch die Regeln des Prozesses gebunden und lehnt sich nicht dagegen auf. Er weiß, dass sie ihm helfen und dass er nicht ständig wegen seines Verhaltens diskriminiert oder bestraft wird. Da die ausdrückliche Ermahnung keine persönlichen Vorwürfe und moralisierende Attacken des Lehrers enthält, wirkt sie in keiner Weise verletzend oder diskriminierend auf den Schüler. Sie provoziert keinen Konflikt, keine Beunruhigung und vor allem keine Respektlosigkeit. Sie zeigt ihm zunächst, dass sein Verhalten nicht den Regeln des Prozesses entspricht und fordert seine eher schwache Selbstkontrolle ein. Wie schwach diese Selbstkontrolle ist, zeigt schon allein die Tatsache, dass wir nach einjähriger Beobachtung festgestellt haben, dass bei den Schülern mit ADHS jede zweite ausdrückliche Ermahnung zu einer Entsendung in den Trainingsraum führte.

Die Entsendung in den Trainingsraum

Die Entsendung in den Trainingsraum ist für Schüler mit ADHS keine Bestrafung.
Sie ist in mehrfacher Hinsicht ein Mittel, das seiner besonderen Veranlagung und seinen
Defiziten sehr entgegenkommt. Er hat hier die Möglichkeit einer legalen Auszeit, die er
in Stresssituationen braucht, um sich nervlich wieder so weit zu erholen, dass er dem
Unterricht wieder folgen kann, ohne dass es zu einem lange nachwirkenden Konflikt
in der Klasse gekommen wäre. Es ist also am besten, den Schüler aus der Situation
herauszunehmen, indem man ihn aus der Klasse entfernt. Hier ergibt sich aus unserer
Erfahrung ein Problem.

Der Schüler kann nicht ohne Aufsicht bleiben. Es ist erstaunlich, was ein Schüler in
fünf Minuten ohne Aufsicht alles anstellen kann, zumal sich seine nervliche Verfassung
zunächst eher verschlechtert als verbessert. Die Entsendung in den Trainingsraum hat
zum einen den positiven Effekt, dass der schwierige Schüler aus der Klasse herausge-
nommen wird und zum anderen eine beruhigende Wirkung. Denn die Entsendung in den
Trainingsraum ist für den Schüler eine gerechte Lösung, da er hier die Möglichkeit hat,
seine individuelle Wahrnehmung einzubringen. Er erkennt nach entsprechender Beratung
zumeist die Regelverstöße in seinem Verhalten und hat die Chance, sich eigenverantwortlich Maßnahmen zu überlegen. Auch wenn seine Vorsätze nicht unbedingt einzuhalten
sind, so tritt doch erstmals eine positive Auseinandersetzung mit seinem Fehlverhalten
an die Stelle des vorher üblichen Sanktionsmechanismus. Dabei zeigt er auch deutlich,
dass er im entspannten Dialog im Trainingsraum sehr kommunikativ und einsichtig sein
kann, wie es überhaupt eine bei diesen Schülern durchaus übliche Eigenart ist, dass sie
in dieser Situation zumeist sehr freundlich, kooperativ und vor allem konstruktiv sind.
Das wäre in einer Klassensituation mit allen negativen Einflüssen, wie Vorwürfe des
Lehrers, Strafandrohung, Sanktion, Spott der Mitschüler u.Ä. gar nicht möglich.
Außerdem ist die unbelastete Rückkehr in die Klasse für ihn ein weiterer Vorteil und
kommt ihm entgegen. Mit der Annahme des Rückkehrplans ist die Angelegenheit
erledigt und jede weitere Diskussion oder Auseinandersetzung nach dem Motto

◆ ◆ ◆ ◆ „Hast du jetzt eingesehen …!" ◆ ◆ ◆ ◆

ist nach den Prozessregeln nicht gestattet. Was die Wirksamkeit des Prozesses für den
Schüler mit ADHS angeht, können wir natürlich nicht zu viele Veränderungen erwarten.
Die Maßnahmen des Prozesses wirken zwar beruhigend und gerecht, aber sie haben
keinen Einfluss auf seine Hyperaktivität oder seine Impulsivität und auch keinen Einfluss
auf die medizinischen Auswirkungen des ADHS. Der Prozess kann nur dazu beitragen,

dass die negativen Begleitumstände, wie ständige Sanktionen, Niederlagen, Depressionen, Aggressionen, Respektlosigkeiten oder eskalierende Konflikte, in der Klasse minimiert werden.

Wir sind keine Therapeuten oder Psychologen, sondern Lehrer, die den Umgang mit diesen schwierigen Schülern professionalisieren wollen und versuchen, die Mitschüler und die Schüler mit ADHS gleichermaßen in ihren Rechten und Pflichten zu berücksichtigen. Das bedeutet allerdings auch, dass die Schüler mit ADHS dieselbe Behandlung wie alle anderen Schüler erfahren. Sonst wäre auch die Sicherheit des Prozesses gerade für diese Schüler in Gefahr. Sie müssen das Regelwerk deutlich erkennen und die Konsequenzen abschätzen können, um überhaupt zum Versuch einer Selbstkontrolle bereit zu sein. Schon allein die Tatsache, dass nur vier unserer Schüler mit ADHS einen Ausschluss zu verantworten hatten, zeigt, wie sehr auch sie ihre Impulsivität beherrschen können, wenn ein festes, zuverlässiges, konsequentes und überschaubares Regelwerk sie unterstützt. Hier liegt ein weiterer wichtiger Baustein für die Einbindung der betroffenen Schüler. Sie wissen genau, was passiert, wenn sie stören. Sie wissen auch, dass bei allen anderen Schülern der Klasse die gleichen Konsequenzen wie bei ihnen gezogen werden.

Verbesserungen in Elternhaus und Schule

Wie der schwierige Schüler wird auch der Schüler mit ADHS durch das Trainingsraum-Programm von den Lehrern freundlicher behandelt, er verdirbt nicht mehr deren gute Laune, er hat keinen negativen Einfluss mehr auf das Klassenklima. Noch wichtiger ist die Veränderung in der Familie. Er ist nicht mehr der Anlass zu ständigen Konflikten, sondern er erfährt durch die Erziehungspartnerschaft zwischen Schule und Familie eine neue Position, auch in der Familie. Seine Eltern versuchen mit ihm gemeinsam, die Probleme anzugehen. Sie können ihm helfen, weil sie mit der Schule gemeinsam ein neues Konzept entwickelt haben. Hier spielt das bereits angesprochene Elterntraining eine ganz besonders wichtige Hilfe für das Problemlösungsverhalten in der Familie. Dabei geht es uns jedoch nicht darum, ADHS als Entschuldigung anzuführen, sondern es geht um das Erkennen des ADHS und um den angemessenen, professionellen Umgang mit den betroffenen Schülern.

■ ... für die Schule

Neben den positiven Auswirkungen auf Lehrer, Schüler und Eltern hat sich gezeigt, dass das Trainingsraum-Programm sich auch insgesamt positiv auf die Lessingschule ausgewirkt hat.

Imageverbesserung

An den Anfang dieser Überlegungen möchten wir den Ausspruch einer sechzehnjährigen Realschülerin stellen:

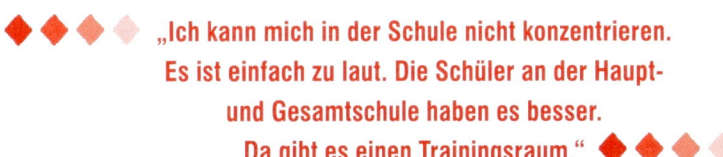

◆◆◆◇ „Ich kann mich in der Schule nicht konzentrieren.
Es ist einfach zu laut. Die Schüler an der Haupt-
und Gesamtschule haben es besser.
Da gibt es einen Trainingsraum." ◆◆◆◇

Das Ansehen einer Schule steigt offensichtlich auch bei Schülern, wenn das Trainings-raum-Programm installiert wird. Die Werbewirksamkeit des Programms bei Eltern und Schülern wird von vielen Schulen erkannt und durch entsprechende Artikel in der loka-len Presse nach außen gebracht. Damit verbunden ist auch ein gesteigertes Selbstbe-wusstsein aller in der Schule arbeitenden Lehrer. „Bei uns herrscht Ruhe im Unterricht. Wir als Schüler können in Ruhe lernen. Wir als Lehrer können in Ruhe unterrichten. Wir als Eltern können respektvoll mit den Lehrern zusammenarbeiten!"

Positive Nebeneffekte

Wir haben schon mehrmals auf den Zeitgewinn als positiven Effekt des Trainingsraum-Programms hingewiesen. Ein Schulaufsichtsbeamter, der als Gast an einer von uns moderierten schulinternen Lehrerfortbildung zum Thema Trainingsraum-Programm teilgenommen hatte, vertrat offen die Meinung, dass der Einstieg in dieses Programm sogar Kürzungen im Stundendeputat der einzelnen Klassen rechtfertige, wenn die Schulkonferenz es so beschließen würde. Auch haben wir nach der Einführung des Trainingsraum-Programms an unserer Schule einen deutlichen Rückgang der Krank-meldungen festgestellt. Die Flucht in die Krankheit als Folge des hohen Stresses durch schwierige Schüler verliert an Bedeutung.

Weniger Konferenzen

Früher waren wir im letzten Drittel des Schuljahres ständig mit Klassen- oder Lehrer-konferenzen beschäftigt, weil die schwierigen Schüler bis dahin so viele Unterrichts-störungen verursacht hatten, dass alle anderen Möglichkeiten ausgeschöpft waren. Mit der Einführung des Trainingsraum-Programms entfielen alle Konferenzen, die sich mit der Anhäufung von Unterrichtsstörungen oder Respektlosigkeiten gegen Lehrer be-schäftigten. Respektlosigkeiten kamen nur noch selten vor und waren zumeist mit der Weigerung verbunden, in den Trainingsraum zu gehen. Im Rückkehrgespräch konnte dies mit den Eltern und dem Schüler besprochen werden. Es ist uns kein Fall bekannt, wo ein solches Gespräch nicht mit einer respektvollen Entschuldigung des Schülers geendet hat. Damit ist auch hier das Prinzip der Eigenverantwortlichkeit deutlich erkennbar. Wenn der Kollege wegen der Schwere des Angriffes der Meinung war, dass der Vorfall in einer Ordnungsmaßnahmenkonferenz behandelt werden sollte, so war dieses Vorgehen ver-pflichtend für die Schule. In zwei Jahren ist jedoch nur ein einziger Vorfall dieser Art vorgekommen. Ansonsten wurden alle Konflikte zwischen Lehrern und Schülern auf der Schlichtungsebene gelöst.

Eigenverantwortung

Bei uns entscheidet der Aufsicht führende Lehrer bzw. der Kollege, der einen Streit beob-achtet oder als Erster Kenntnis davon erhält, wie weiter verfahren wird. Ist er der Meinung, dass eine Streitschlichtung durch Schüler ausreicht, fragt er die Beteiligten, ob sie ein-verstanden sind, und der Konflikt wird auf der Schülerebene erledigt. Ist er jedoch der Meinung, dass eine Ordnungsmaßnahme angebracht ist, so informiert er den Klassen-lehrer bzw. die Schulleitung über den Vorfall und bittet um Einladung zu einer Klassen- oder Lehrerkonferenz: Einzige Ausnahme sind Gewalttaten, die die Beanspruchung ärztlicher Hilfe verursachen. Solche Gewalttaten werden grundsätzlich in der Lehrer-konferenz behandelt. Durch diese Regelung ist sehr viel mehr Transparenz und Gerech-tigkeit bei Vorfällen außerhalb des Unterrichts eingekehrt. Dies ist für alle Beteiligten eine positive Einrichtung und wird gleichermaßen von Lehrern, Eltern und Schülern begrüßt. Wenn der Aufsicht führende Lehrer früher auf eine Rauchergruppe zuging, so war dies oft mit einem endlosen und leider auch erfolglosen Streit verbunden. Nie hatte irgendein Schüler geraucht, obgleich die brennende Zigarette noch am Boden lag, und in der Regel trat der Lehrer frustriert den Rückzug an. Der konfliktscheue Kollege ging nach dieser Erfahrung gar nicht mehr auf die Rauchergruppe zu, und die übrigen Kollegen forderten rigide Maßnahmen gegen die Raucher. Im Rahmen der Eigenverantwortlichkeit notiert heute jeder Aufsicht führende Lehrer, wenn er einen Schüler beim Rauchen oder Verlassen des Schulhofes sieht, den Namen auf einen entsprechenden Zettel. Nach Beendigung seiner Aufsicht legt er den Zettel in eine Box. Die Sekretärin trägt die Notizen der Kollegen in Sonderlisten ein und informiert die Schulleitung, wenn ein Schüler dreimal beim Rauchen gesehen wurde. Die Schulleitung lädt die Eltern dann zu einem Beratungsgespräch. Der Effekt dieser Maßnahme war verblüffend. Die Anzahl der Regelverstöße nahm rapide ab. Obwohl sie nicht bestraft, sondern nur gemeinsam mit den Eltern beraten wurden, war die einhellige Schülermeinung dazu:

„Das ist hier schlimmer als im Knast!"

Wohlbefinden

Wir wollen bei den Auswirkungen des Trainingsraums das bedeutendste nach E. Ford angestrebte Ziel für das System Schule nicht vergessen: *„Die Schaffung eines respektvollen Klimas in der Schule, an dem alle in der Schule tätigen Menschen teilhaben!"* Natürlich lässt sich eine solche Veränderung nicht empirisch messen und nachweisen. Aber es ist wohl für alle unbestritten, dass ein wesentlicher Faktor für ein gutes Schulklima das Wohlbefinden der Lehrer ist. Wenn die Bedingungen stimmen, gehen die Lehrer mit einer positiven Grundeinstellung in den Unterricht. Wenn dann in der Klasse der Stress durch das Trainingsraum-Programm minimiert wird, überträgt sich dies auch auf ihre übrige Arbeit – sei es Unterricht, Aufsicht, Kooperation mit den Kollegen oder die Zusammenarbeit mit den Eltern.

Es wäre allerdings überzogen, wenn wir alle Probleme des Systems Schule auf einen Schlag mit der Einführung des Programms als gelöst betrachten würden. Wenn jedoch das Klima des gegenseitigen Respekts sich wirklich auf alle in der Schule Arbeitenden und ihren gegenseitigen Umgang ausdehnt, können wir mit einiger Sicherheit davon ausgehen, dass systemische Klimaverbesserungen auftreten werden.

Dabei sollten auch andere begleitende Maßnahmen zur Klimaverbesserung nicht außer Acht gelassen werden. Dazu gehören an der Lessingschule das Streitschlichterprogramm, Deeskalationskurse, gezielte Maßnahmen zur Sicherung eines guten Klassenklimas, ein Selbstbehauptungsprogramm in der 5. und 6. Klasse (ALF), Teile des Lions-Quest-Programms „Erwachsen werden" und ähnliche gezielte Maßnahmen zur Klimaverbesserung. Wir sind sicher, dass bei einem entsprechend gestalteten pädagogischen Umfeld auch eine Hauptschule mit hohem Migrantenanteil und mit geringen Zukunftsperspektiven für die Schüler durchaus ein friedliches und respektvolles Klima haben kann.

Die aktuelle Diskussion um die Gewalt an Hauptschulen und, in Folge, um die Existenzberechtigung dieser Schulform halten wir für überzogen. Wir haben trotz eines Migrantenanteils von 50 % und einem Anteil von mehr als 20 % an Sonderschülern mit Lernbehinderungen und Entwicklungsstörungen im emotionalen und sozialen Bereich ein positives Schulklima entwickeln können. Engagierte Haupt- und Sonderschullehrer haben ein Umfeld geschaffen, das von Schülern und Eltern gleichermaßen akzeptiert und gewürdigt wird. Dabei ist auch nach Einführung des Trainingsraum-Programms die Durchführung der anderen Programme an unserer Schule kein Problem.

UNSERE ERFAHRUNGEN

Nach unseren Erfahrungen können Hauptschulen auch bei fehlenden Berufsperspektiven und trotz schwierigem sozialen Umfeld wirkungsvolle Bildungs- und Erziehungsarbeit leisten. Und dennoch können wir mit dem Trainingsraum-Programm natürlich nicht alle schulischen Probleme lösen. Wir haben die Problematik der Unterrichtsstörungen, die Regelverstöße schwieriger Schüler, die Respektlosigkeiten im Unterricht, die Konflikte zwischen Lehrern und schwierigen Schülern, die mangelnde Elternbeteiligung und die Benachteiligung der lernbereiten Schüler teilweise beseitigt oder zumindest abgefedert. Bei den schwierigen Schülern versuchen wir, gemeinsam mit Therapeuten und Eltern ein wirksames Hilfekonzept zu entwickeln.

Was können wir Lehrer zur Vermeidung von Unterrichtsstörungen beitragen?
Wie können wir den Schülern bei der Vermeidung von Unterrichtsstörungen helfen?
Eine wichtige Hilfe ist die Stundenplangestaltung. Ein Unterrichtstag sollte, soweit wie möglich, nach den Belastungsfaktoren der einzelnen Fächer strukturiert sein, um vor allem den schwierigen Schülern die Möglichkeit von psychischen Regenerationsphasen zu bieten. Ein weiterer wichtiger Aspekt ist die Auswahl der Unterrichtsstoffe und der Methoden. Hier ist jeder einzelne Lehrer gefordert. Er wird die neuen Möglichkeiten in der Stoff- und Methodenwahl, die ihm das Programm durch die neuen Freiräume bietet, in eigener Verantwortung zur Erweiterung des Methodenrepertoires nutzen können. Die methodische Einengung durch ständige Sorge um die Eskalation der Unterrichtsstörungen entfällt bei konsequenter Anwendung des Programms. Dabei wird der Lehrer mehr als bisher die besonderen Bedürfnisse der schwierigen Schüler in seine Unterrichtsplanungen einbauen, um auch prophylaktisch an der Vermeidung von Unterrichtsstörungen zu arbeiten. Dabei können wir prinzipiell davon ausgehen, dass alles, was für schwierige Schüler motivierend und beruhigend ist, sich für alle anderen Schüler mindestens im gleichen Maß, wahrscheinlich aber noch positiver auswirkt.

Eltern einbeziehen

Bei der Umfrage in der ersten Evaluationsphase an der Lessingschule wurde auch die Meinung der Schüler über die Elternakzeptanz für das Trainingsraum-Programm abgefragt. Die Schüler waren geschlossen der Ansicht, dass bei den Eltern die höchste Akzeptanzquote vorlag. Dies deckt sich mit den Ergebnissen der Untersuchungen der Evangelischen Fachhochschule Bochum, die ebenfall eine Elternzustimmung von 96,5 % festgestellt haben:

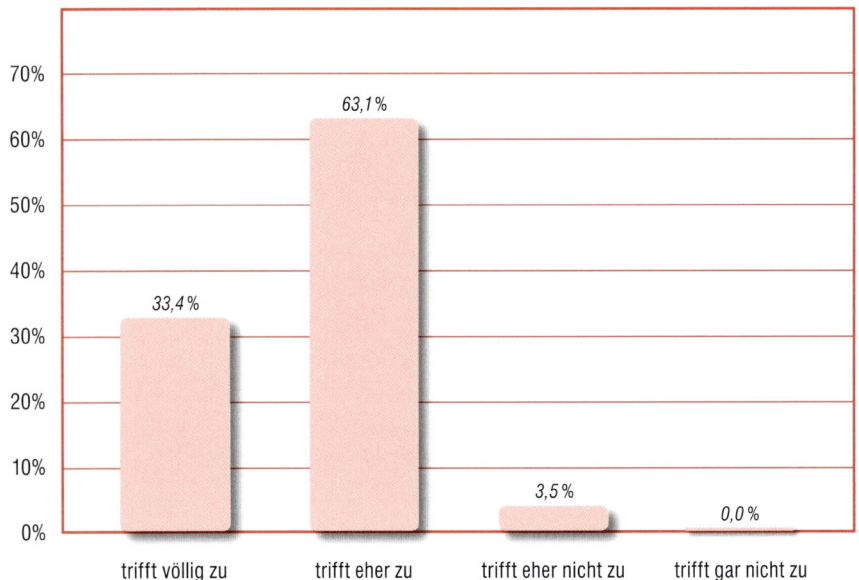

Akzeptanz der Eltern

Zum einen sind die meisten Eltern davon überzeugt, dass ihr Kind zu den lernbereiten Schülern gehört und deshalb in seinen Lernbemühungen durch das Programm unterstützt wird. Das Kind lernt mehr, weil es weniger Störungen gibt. Diese Tatsache wird noch verstärkt durch die berechtigte Annahme, dass auch das Verhalten des eigenen Kindes durch das Programm konsequent reguliert wird. Die meisten Eltern haben ohnehin andere Vorstellungen von Disziplin und Ordnung als wir Pädagogen. Für sie bedarf die derzeitige Situation der Respektlosigkeit an den Schulen einer dringenden Veränderung. Es muss wieder Ruhe und Ordnung in den Klassenzimmern herrschen. Da kommt ihnen als Eltern das Trainingsraum-Programm sehr entgegen. Außerdem finden die Eltern der meisten Schüler es sehr positiv, dass die Schule ihre Disziplinprobleme selbständig löst, ohne immer wieder die Mithilfe der Eltern einzufordern. Denn aus der

Erfahrung wissen sie, dass die bisherigen Formen der Einbeziehung von Eltern in die schulische Erziehungsarbeit immer mit Problemen innerhalb der Familie verbunden waren. War es nun ein informativer Telefonanruf eines Lehrers, ein Brief der Schule an die Eltern wegen Fehlverhaltens oder drohender Nichtversetzung, immer bedeutete Zusammenarbeit mit Schule Stress in der Familie. Die Auseinandersetzungen in der Familie wegen schulischer Ereignisse beeinträchtigen häufig nicht nur die Beziehung zwischen Eltern und Kindern, sie führen auch zu Konflikten der Eltern untereinander.
Hinzu kommt die nicht unberechtigte Vermutung, dass die Informationen mit dem Appell der Schule verbunden sind, doch bitte für Abhilfe zu sorgen. Allerdings sind alle Eltern sich darüber einig, dass im Interesse ihres Kindes der Unterricht störungsfrei und ruhig verlaufen soll.

Dass ihr eigenes Kind zu den schwierigen Schülern gehören könnte, vermuten die meisten betroffenen Eltern nicht unbedingt von Anfang an. Sicher hat ein Teil der Eltern der schwierigen Schüler schon in der Grundschule ähnliche Erfahrungen gemacht. Aber es bleibt die optimistische Ausgangsvermutung bestehen, dass ihr Kind in der neuen Schule der Sekundarstufe I nicht zu den schwierigen Schülern gehört, weil es die neue Chance in einer anderen Schule ohne Vorbelastung nutzen kann.

Diese optimistische Grundannahme wird leider oft durch die ausführliche Dokumentation des Prozesses deutlich widerlegt. Durch die vom schwierigen Schüler selbst geschriebenen Darstellungen des Störverhaltens dürfen die Eltern aber auf keinen Fall in eine Abwehrhaltung gedrängt werden. Die Dokumentation darf nicht als Waffe gegen die Eltern missbraucht werden. Sie hat vielmehr eine verbindende und kommunikative Funktion im Verhältnis zwischen Schule und Eltern. Denn sie bildet eine konkrete und objektive Plattform, auf der Eltern und Lehrer gemeinsam und als gleichberechtigte Partner arbeiten. Basis dieser gemeinschaftlichen Arbeit sind dabei zunächst die beobachteten Verhaltensweisen der schwierigen Schüler in der Schule, und nicht etwa Mutmaßungen über Gründe oder Einstellungen. Die Eltern dürfen nicht den Eindruck bekommen, dass die Schule ihre bisherige Erziehung als falsch diskriminiert. Es gibt keine unerzogenen schwierigen Schüler. Denn kein Elternpaar und keine alleinerziehende Mutter und kein alleinerziehender Vater kann ein schwieriges Kind ohne Erziehungsbemühungen im Familienbereich ertragen. Das ist schlechthin unmöglich. Man stelle sich vor, einem ADHSler würden zu Hause keine Grenzen gesetzt. Das würde zum absoluten Chaos in der Familie führen. Deshalb müssen wir respektvoll mit den Eltern der schwierigen Schüler umgehen, weil wir bedenken müssen, dass diese Eltern bisher wesentlich mehr Kraft und Energie für die Erziehung ihres schwierigen Kindes einsetzen mussten als die anderen Eltern. Ob sie immer die richtigen Erziehungsstrategien angewandt haben, mag dahingestellt sein. Es sollte für uns jedoch zunächst unbestritten sein, dass sie erhebliche Erziehungsanstrengungen unternommen haben. Auch wenn sie ihr schwieriges Kind vielleicht verwöhnt haben, auch wenn sie unter Umständen nicht genügend oder auch zu viele Grenzen gesetzt haben, wenn sie zu hohe oder zu niedrige Erwartungshaltungen gezeigt haben: Sie haben ihr Kind erzogen und haben unseren Respekt verdient, denn sie haben mehr Enttäuschungen und Niederlagen erleiden müssen, als wir es uns vorstellen können. Wir können davon ausgehen, dass sie schon aus Eigeninteresse alles versucht haben, was in ihren Möglichkeiten lag, selbst wenn es nicht unbedingt richtig oder erfolgreich war. Daher gilt es, diesen Eltern gegenüber auch seitens der Schule Respekt zu zeigen.

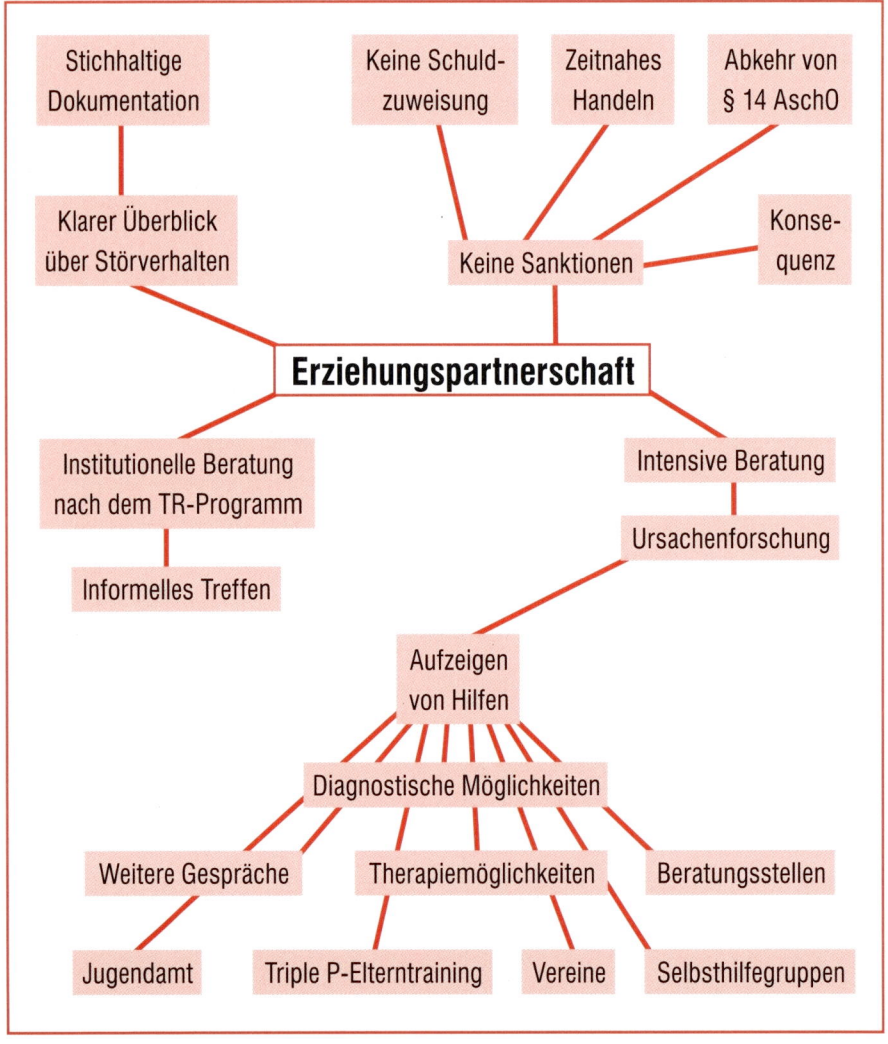

Wege zur Erziehungspartnerschaft

Wenn wir jedoch respektvoll mit den Erziehungsstrategien der Eltern umgehen, besteht die durchaus berechtigte Hoffnung auf eine Erfolg versprechende Zusammenarbeit zwischen Eltern und Schule. Von allen offiziellen und inoffiziellen Seiten wird eine Intensivierung der Elternarbeit gefordert. Das Spektrum der Vorschläge ist breit gestreut und es zeigt sehr deutliche Zeichen für einen dringenden Handlungsbedarf. Die Wege sind allerdings sehr unterschiedlicher Natur und häufig von den jeweiligen parteipolitischen Ausrichtungen der Landesregierungen abhängig. Allerdings stellen wir aus der Erfahrung im Rahmen des Trainingsraum-Prozesses fest, dass einige Denkansätze in Richtung Elternarbeit mit besonderer Berücksichtigung der Eltern schwieriger Schüler mehr auf Erziehungspartnerschaft als auf reine Elternberatung oder Erziehungsverträge ausgerichtet sein sollten. Dabei kritisieren wir nicht die halbjährliche Pflichtberatung, die Herr Oettinger für die Eltern in Baden-Württemberg fordert, oder die Anregungen aus vielen anderen Bundesländern und fast allen Schulministerien, die im Grunde einen gemeinsamen Tenor haben: Wir müssen den Eltern helfen, ihre Kinder so zu erziehen, dass wir in der Schule weniger Probleme mit ihnen haben. Ohne die Mithilfe der Eltern wird es keine entscheidenden Fortschritte im deutschen Bildungssystem geben. Die Forderungen an Schule und Elternhaus sind vielfältig und auch sehr unterschiedlich. So gibt es in NRW das „Bündnis für Erziehung", in Bayern wird der „partnerschaftliche Dialog" zwischen Schule und Elternhaus gefordert, in Brandenburg nennt man es „Zusammenarbeit von Eltern und Schule" – in jedem Bundesland gibt es eine andere Form für die Aufforderung zur Kooperation. Trotz einiger Unterschiede in den Durchführungsbestrebungen, sind sich im Prinzip alle Institutionen darin einig: Ohne Eltern geht es nicht! – So wird auch im Lions-Quest Programm „Erwachsen werden", ein unter Beratung von Prof. Dr. Klaus Hurrelmann auf deutsche Verhältnisse umgearbeitetes Suchtprophylaxe-Programm, eine echte Partnerschaft zwischen Eltern und Schule gefordert: *„Durch eine solche Partnerschaft werden die vorhandenen Kräfte zur Unterstützung der Kinder und Jugendlichen gebündelt und gestärkt."*

Erziehung als ganzheitlicher Prozess

All diese positiven Handlungsansätze deuten auf eine völlige Neuorientierung des deutschen Schulsystems im Eltern-Schule-Verhältnis hin. Alle wissen, dass hier etwas geschehen muss. Allerdings gehen unsere Anforderungen an die Beziehung zwischen den Eltern der schwierigen Schüler und deren Schule über die geplanten Konzepte hinaus, denn hier greifen keine Beratungen oder Erziehungsbündnisse, hier müssen konkrete, auf den Einzelfall ausgerichtete Erziehungspartnerschaften initiiert werden, um den erhöhten Erziehungsansprüchen dieser speziellen Schülerklientel gerecht zu werden. Die Eltern dieser Schüler werden nicht als Ratsuchende oder zu Beratende in den Erziehungsprozess, sondern als gleichwertige Experten in ein ganzheitlich orientiertes Erziehungsteam einbezogen.

Denn eines müssen wir als Grundthese akzeptieren: Die Eltern sind für die gesamte Kindheit die ersten und auch die wichtigsten Bezugspersonen ihrer Kinder. Die Einbeziehung der Eltern in die Erziehungsarbeit der Schule ist unerlässlich, da nur sie gesicherte Informationen für die Erstellung eines ganzheitlichen Persönlichkeitsbildes ihres Kindes geben können. Es ist besonders bei den schwierigen Schülern dringend erforderlich, die Erziehung zu Verhaltensänderungen als ganzheitlichen Prozess zu sehen. Und hier liegt auch die große Chance der Elternarbeit im Rahmen des Trainingsraum-Programms. Dadurch, dass die Eltern der schwierigen Schüler nicht ständig in Sanktionsmaßnahmen verwickelt werden, besteht im Rahmen des Prozesses die Möglichkeit, alte Vorurteile gegen die Schule abzubauen.

Vorprägung der Eltern schwieriger Schüler

Eines scheint eine gesicherte Grundannahme für die Konditionierung dieser Eltern im Verhältnis Schule – Elternhaus zu sein: Die Eltern schwieriger Schüler waren selbst häufig auch schwierige Schüler und haben einen großen Ballast von negativen Erfahrungen in das Eltern-Schule-Verhältnis mitgebracht. Diese These wird zum einen von uns beiden Autoren mit insgesamt über 75 Berufsjahren in vielen Fällen aus der eigenen Berufspraxis festgestellt, wenn wir in den Beratungsgesprächen die Eltern schwieriger Schüler aus deren eigener Schulzeit kennen. Die These wird aber auch von wissenschaftlichen Untersuchungen zum Thema ADHS unterstützt. Bei dem letzten Symposium zum Thema ADHS wurde die Erblichkeitsrate von ADHS mit 0,6 bis 0,8 (d.h. 60 – 80 %) angegeben. Sie steht damit an zweiter Stelle hinter dem Erblichkeitsfaktor der Körpergröße (Erblichkeitsfaktor 0,8).

Die betroffenen Eltern haben Schule in ihrer eigenen Schulzeit zumeist als strafende und wenig freudvolle Institution kennen gelernt. Sie haben als Eltern die eigenen negativen Erfahrungen als Vorurteil in das Schule-Elternverhältnis eingebracht und haben sich als Eltern schwieriger Kinder sehr bald in ihren Vorurteilen bestätigt gefühlt. Es ist schon eine fatale Situation, wenn gerade die Eltern, mit denen wir am dringendsten zusammenarbeiten müssten, auf Grund ihrer eigenen Schulbiografie diese Zusammenarbeit zunächst ablehnen. Wir kennen zur Genüge die Klage der Lehrer nach den Elternsprechtagen:

 **„Es waren ja viele Eltern da, aber die, die ich am dringendsten sprechen wollte, sind nicht gekommen!"**

Ist das wirklich so verwunderlich, wenn die Eltern schwieriger Schüler sich diesen Gang ersparen? Sie wissen doch aus jahrelanger Erfahrung als Eltern und auch meist aus eigener Schülerzeit, was sie gesagt bekommen: *„Ihr Sohn muss ruhiger werden, er muss besser aufpassen, er muss fleißiger werden …!"* – oder bei den so genannten Traumprinzessinnen *„Ihre Tochter ist zu still."* – Wer hat nicht schon als Lehrer bei Elternberatungen diese Stereotypen benutzt? – Aber haben wir damit Veränderungen in Gang gesetzt? – Diese ständigen Beschwerden sind für einen fruchtbaren Annäherungsprozess wenig hilfreich. Was sollen Eltern mit solchen Aussagen anfangen? – Sie wissen doch, wo es „hakt" bei ihrem Kind, sie wissen nur nicht, wie sie sinnvoll die Verhaltensformen ihres Kindes verbessern sollen. Und sie wissen aus eigener leidvoller Schülererfahrung, wie wenig fruchtbar die Bestrafungen durch die Schule für ihre eigene Entwicklung waren.

Bei den Eltern, die die oben geschilderten negativen Vorprägungen nicht gemacht haben, sind diese intensiven Bemühungen um Veränderungen ihrer Einstellung zur Schule sicher nicht erforderlich. Der Hamburger Professor Peter Struck formuliert dies in seinem Buch „Vom Pauker zum Coach" (dtv 1999, Seite 170 ff.) mit folgenden Worten: *„Erfahrungsgemäß ist eine … positive Erinnerung an die eigene Schulzeit eine der besten Voraussetzungen für eine vertrauensvolle Zusammenarbeit zwischen Elternhaus und Schule … Die schlimmen Erfahrungen, die viele Menschen in der Schule über viele Jahre hinweg gemacht haben, sind unauslöschlich in die Seelen eingebrannt, werden nie ganz vergessen und wirken bis ins hohe Alter."* – An diesen Ausführungen mag man auch erkennen, wie wichtig Toleranz, Respekt und Sensibilität im Umgang mit den Eltern der schwierigen Schüler sind, damit eine fruchtbare Partnerschaft entstehen kann. Das System Schule muss daran interessiert sein, dass die Eltern mit negativer Vorprägung mit ins Boot genommen werden, um die störenden Einflüsse dieser Eltern in positive Energie umzuwandeln.

■ Die Rückkehrgespräche

Eine etwas anders gelagerte Ausgangsposition haben die Rückkehrgespräche zwischen Eltern und Schulleitung nach einem Verstoß gegen die Prozessstruktur. Hier geht es darum, den Eltern die Wichtigkeit des Schutzes der Prozessstruktur zu erläutern. Auch hier gelten die Prinzipien der Beratung in der Schule. Es verbietet sich auch an dieser Stelle, die Eltern mit Schuldzuweisungen zu belegen, denn ihnen ist doch kein Regelverstoß vorzuwerfen. Hier muss den Eltern in der Beratung verdeutlicht werden, dass sie durch ihr Erscheinen am Schutz des Prozesses mitwirken und dass die Schule an dieser Stelle die Unterstützung des Elternhauses braucht. Sollten sich bei diesen Gesprächen Probleme herausstellen, die einer weitergehenden Beratung bedürfen, gibt die Schulleitung dies an den Beratungslehrer weiter.

Bei dieser speziellen Beratung wie auch bei allen anderen Beratungen müssen die Eltern allerdings deutlich auf die Sanktionsfreiheit im Prozess hingewiesen werden. Denn anschließende elterliche Sanktionen nach dem bekannten Motto: *„Lassen Sie den mal nach Hause kommen!"*, würden zu einer erheblichen Belastung im Prozess führen, da die Schüler wieder eher bereit wären, im Rahmen des Trainingsraum-Programms in den Konflikt einzutreten. Der Beratungslehrer wie auch die Schulleitung legen größten Wert darauf, dass die Eltern nicht als Racheengel oder verlängerter Sanktionsarm der Schule im Prozess vorgesehen sind. Vielmehr sollten sie der Schule durch gemeinsam entwickelte Erziehungsstrategien dabei helfen, den schwierigen Schüler zu einer Verhaltensverbesserung im schulischen und im außerschulischen Umfeld zu führen.

■ Informationsaustausch

Zwar werden die Eltern der schwierigen Schüler auch im Trainingsraum-Programm mit den Normabweichungen ihrer Kinder konfrontiert, aber dies geschieht nicht in Form von Schuldzuweisungen, sondern als Darstellung des veränderungsbedürftigen Ist-Zustandes. Und es muss sehr deutlich gemacht werden, dass es nicht darum geht, dass die Eltern sich ändern, sondern dass wir gemeinsam mit den Eltern Strategien für Verhaltensänderungen der schwierigen Schüler anstreben.
Von Anfang an steht in der Begegnung mit den Eltern die Feststellung der gegenseitigen Abhängigkeit zur Erreichung des gemeinsamen Erziehungszieles im Vordergrund. Wir als Lehrer können keine erfolgreichen Veränderungsprozesse initiieren, wenn die Eltern nicht bereit sind, Informationen, Anregungen und Ideen mit uns auszutauschen und wenn sie weiter ihre Skepsis oder gar Ablehnung der Schule gegenüber an ihre Kinder weitergeben.

Und die Eltern haben uns als Lehrer außerdem einiges anzubieten. Es sind nicht nur die Darstellungen des außerschulischen Umfeldes und der bisherigen außerschulischen Entwicklung des schwierigen Schülers, es sind auch die Informationen über die bisherigen Schulerlebnisse, über die Einstellung des Kindes zu einzelnen Lehrern und Fächern, zu den Hausaufgaben, zu Bestrafungen, zu Mitschülern und, was sicher auch nicht zu unterschätzen ist, Informationen zu ihrer eigenen Schülerzeit! – Es geht um die Informationen, die wir für die ganzheitliche Sicht eines Schülers benötigen. Und diese Informationen würden die Eltern nicht in sanktionären Prozessen weitergeben.

Aber auch die Eltern haben ein Recht auf eine umfassende und objektive Information über das schulische Verhalten ihres Kindes. Hier bieten die Trainingsraum-Dokumentationen sicherlich eine wesentliche Unterstützung für die Absicherung der Glaubwürdigkeit der schulischen Aussagen. Allerdings darf der Lehrer auch die positiven Eigenschaften und Verhaltensweisen der schwierigen Schüler bei diesen Informationen nicht vergessen; denn auch die Eltern schwieriger Schüler lieben ihre Kinder und wollen stolz auf sie sein können. Wenn alle Informationen auf einer vertrauensvollen Ebene ausgetauscht worden sind, können Eltern und Schule die gemeinsame Erziehungsarbeit beginnen.

■ Gegenseitige Ehrlichkeit

Im Rahmen dieser Gespräche ist es für die Eltern nicht mehr nötig, das familiäre Verhalten des Kindes zu beschönigen, denn sie sind nicht mehr Strafverteidiger ihres Kindes, wie in den sanktionären Prozessen. Aber auch Lehrer können in diesem Prozess zugeben, dass sie Probleme mit dem schwierigen Schüler haben und dass sie zur Abstellung der Probleme sehr wohl auf die Zusammenarbeit mit den Eltern angewiesen sind.

Es ist nicht leicht, in diesen Gesprächen und Beratungen das grundsätzliche Misstrauen der Eltern aufzubrechen, und es bedarf einer sehr sensiblen Gesprächsführung, um gerade die Eltern der schwierigen Schüler mit ins Boot zu holen. Wir haben jedoch aus der Erfahrung der letzten Jahre gelernt, dass nur in der partnerschaftlichen Zusammenarbeit ein wirkungsvolles Gesamtkonzept entwickelt werden kann. Besserwisserei und gute Ratschläge helfen wenig, wenn die Eltern in die Erziehungspartnerschaft eintreten sollen.

Der Lehrer gibt keine Ratschläge, sondern er versucht mit gezielten Anregungen in einer den Eltern angemessenen Sprache die Eltern zu eigenen Lösungsvorschlägen zu bringen und ihnen nicht etwa ein vorgefertigtes Konzept aufzuzwingen. Es geht um die gemeinsame Entwicklung von Strategien, und es müssen nicht unbedingt die Vorschläge des Lehrers sein, die den Vorzug erhalten. Immerhin sind die Eltern im Einzelfall die besseren Spezialisten mit der größeren Erfahrung.

2. Der Beratungsprozess in der Praxis

Trainingsraumaufenthalte

Klasse: _5a_   Schulj.: _2002_/ _03_   Halbj.: _1_   Klassenl.: _____

Name / Telefon	Trainingsraum / Gespräche									
Recep	13.1.	30.1.	3.4.	21.5.						
Sarah										
Jasmin										
Rene	2.5.									
Daniel	4.19.9.	23.9.	24.9.	8.10.	24.10.	1.11.0.	7.11.	13.11.	19.11.	3.12. / 8.12.
Kevin	20.11.	14.1.	17.1.	24.1.	13.2.	17.2.	17.2.	15.5.	17.6.	
Mario	23.7.									
Kevin X	10.9.	19.9.	20.9.	23.9.	24.9.	24.9.	26.9.	27.9.(E) 25.9.	30.10.	6.11. 6.11.
Mandy										
Tim										
Laila	4.11.	18.12.	13.2.	22.5.						
Kerim	17.9.	23.9.	24.9.	27.9.	30.9.	1.10.	6.11.	7.11.	7.11.	7.11.
Philipp	24.9.	27.9.	8.10.	30.10.	6.11.	11.10.	7.11.	13.11.	20.11.	21.11. 28.11.

In der obenstehenden Abbildung sind bei vier Schülern Normabweichungen erkennbar. Bereits nach sechs, sieben bzw. acht Wochen mit neun Entsendungen gab es die ersten Elterngespräche. Diese Gespräche nahmen sehr unterschiedliche Wendungen:

➲ Verweigerung

Von den betroffenen Eltern der vier schwierigen Schüler lehnte eine Mutter aus beruflichen, aber auch aus persönlichen Gründen die Zusammenarbeit mit der Schule ab, obgleich sie notgedrungen die Beratungstermine wahrnahm, ohne jedoch irgendwelche Anregungen aufzugreifen. Leider war diese Mutter dann in Folge nicht in der Lage, ihren sehr schwierigen Sohn so zu erziehen, dass sie in der Familie mit ihm umgehen konnte, und der Junge wurde mit ihrem Einverständnis vom Jugendamt einer Fremdunterbringung zugeführt. Bei größerer Bereitschaft zu einer umfangreichen Zusammenarbeit wäre vielleicht ein tragfähiges Konzept zur elterlichen und schulischen Erziehung mit Unterstützung von Außenhilfen möglich gewesen. Ob ein solches Konzept erfolgreich gewesen wäre, ist schwer abzusehen, aber es wäre im Interesse des Jungen zumindest einen Versuch wert gewesen.

➲ Überforderung

Im zweiten Fall war die alleinerziehende Mutter zur Zusammenarbeit mit der Schule und außerschulischen Einrichtungen bereit. In der Beratung erklärte die Mutter sich bereit, einem Verfahren zur Feststellung des sonderpädagogischen Förderbedarfs zuzustimmen. Es wurde eine erhebliche Lernbehinderung festgestellt, die eine ständige Überforderung des Schülers nach sich zog. Dies war auch der Grund für die anhaltenden Unterrichtsstörungen. Der Schüler wurde daher in eine Förderschule überwiesen, weil er für eine integrative Beschulung nicht geeignet war. Damit war zumindest das Problem der Überforderung gelöst, und der Junge wurde seinen Fähigkeiten entsprechend unterrichtet und konnte seine schulischen und außerschulischen Normabweichungen und Regelverstöße im Laufe der Zeit in den Griff bekommen.

➲ Medikamentierung

Im dritten Fall haben wir bei den Gesprächen festgestellt, dass zwar bereits eine medizinische Diagnostik mit anschließender Medikamentierung durchgeführt worden war (Diagnose: ADHS), dass die Medikamente aber nur unregelmäßig eingenommen wurden. Damit war die Situation des Kindes nach der Medikamentierung nicht besser, sondern schlechter geworden. Denn eine unregelmäßige Einnahme von Ritalin® oder ähnlichen Präparaten ist auf jeden Fall noch schlimmer als das Leben ohne jede Medikamentierung. In einer relativ kurzen Zeit wurde ein abgesichertes Verfahren zur regelmäßigen Medikamenteneinnahme entwickelt, an dem Eltern, Schüler und Lehrer gleichermaßen beteiligt waren. Zwar mussten die gegenseitigen Absprachen immer wieder überprüft und evaluiert werden, aber der Schüler hat bisher zumindest die ersten drei Klassen der Hauptschule erfolgreich durchlaufen und zeigt auch deutliche Verhaltensverbesserungen.

➲ Beharrlichkeit

Im vierten Fall ließen die Eltern sich zunächst auf ein Verfahren zur Feststellung des sonderpädagogischen Förderbedarfs im emotionalen und sozialen Bereich ein. Aber die angesetzten Fördermaßnahmen waren nur bedingt wirksam, da die Eltern nicht zu einer konzeptionellen Kooperation in der Lage waren. Sie nahmen zwar an den Beratungen und sogar am Elterntraining teil, waren aber nicht willens oder in der Lage, ihren Erziehungsstil zu ändern. Leider waren ihre durchaus gut gemeinten Erziehungsstrategien bei ihrem Kind völlig wirkungslos. Es zeigten sich weiter starke Normabweichungen im unterrichtlichen und außerunterrichtlichen Bereich, die auf ein ADHS hinwiesen. Die Eltern waren jedoch nur widerstrebend und nach zähen Beratungen zu einer ausführlichen Diagnostik zu überreden, und erst nach dreijährigen(!) Bemühungen konnte durch ein umfangreiches Hilfekonzept eine erfolgreiche Beschulung des schwierigen Jungen gewährleistet werden. Zwischenzeitlich hatte der Junge eine Klasse wiederholt, und es bestand die Gefahr, dass die Schulpflicht ausgesetzt wurde. In einer mit Hilfe der Schule eingeleiteten Diagnostik wurde ein schweres ADHS mit leichter Lernbehinderung festgestellt, und der Schüler sollte mit Unterstützung eines entsprechenden Medikaments und eines umfangreichen Therapiekonzepts sowie angemessenen gemeinsamen Erziehungsstrategien zu einem Hauptschulabschluss geführt werden. Die Eltern waren nur im Rahmen der ritualisierten Beratungen und Gespräche des Trainingsraum-Programms bereit, den schwierigen Schritt zum Kinder- und Jugendpsychiater zu gehen, obwohl dieser Schritt für sie und ihr Kind in ihren Augen eine erhebliche Stigmatisierung beinhaltete. Die Arbeit der Schule geht hier natürlich weiter. Ritualisierte Elterngespräche (Zweiwochenrhythmus), regelmäßige Kontakte mit den behandelnden Kinder- und Jugendpsychiatern und Hilfeplangespräche sind das unerlässliche Instrumentarium, um die eingeleiteten Maßnahmen zum Erfolg zu führen.

Sie mögen an diesem Beispiel erkennen, welche Probleme in der Erziehungspartnerschaft auftreten können und wie viel Energie in einen solchen Prozess investiert werden muss.

Aber am Ende haben wir bei drei von vier schwierigen Schülern zumindest deutliche Fortschritte erzielt, die ohne die Erziehungspartnerschaft nicht möglich gewesen wären. Und wir sind davon überzeugt, dass in einem sanktionären Prozess eine solche partnerschaftliche Kooperation unmöglich gewesen wäre.

Die Bedeutung des Elterntrainings

Als Ergänzung sei noch erwähnt, dass bei drei der vier aufgeführten Schüler die Eltern zu einem von der Schule angebotenen Elterntraining nach dem Triple P-Verfahren bereit waren. Dieses bereits oben geschilderte Verfahren ist im Rahmen des Trainingsraum-Programms sehr geeignet, weil es große Schnittmengen zu den Prinzipien dieses Programms hat. Auch hier gibt es zeitnahe logische Konsequenzen, gesicherte und übersichtliche Strukturen, es gibt Auszeiten und Sanktionen werden durch positive Erziehungsstrategien ersetzt. Aber wichtiger als jede noch so unterschiedliche Ausrichtung des angebotenen Trainingskonzeptes ist die Tatsache, dass die Eltern grundsätzlich entschlossen sind, ein festes gemeinsames Erziehungskonzept zu entwickeln. Eine der wichtigen Säulen in einem tragfähigen Gesamtkonzept zur Behebung von emotionalen und sozialen Problemen bei schwierigen Schülern ist nach Verlautbarungen in der einschlägigen Literatur die Teilnahme der Eltern an einem Elterntraining. Es ist daher auch für uns ganz wichtig, mit den Eltern nicht nur in partnerschaftlicher Zusammenarbeit gemeinsame Strategien zu entwickeln, wir müssen ihnen auch das Rüstzeug an die Hand geben, diese Strategien umzusetzen. Und wir haben besonders im Rahmen des Trainingsraum-Programms eine hohe Bereitschaft zur Teilnahme am Elterntraining vorgefunden, da die Eltern in der Verknüpfung von häuslichen und schulischen Normabweichungen so große Probleme erkannten, dass sie sich der Außenhilfe bedienen wollten. Besonders Eltern von ADHS-Kindern bekommen durch das Elterntraining Maßnahmen an die Hand, die sie zu einer gezielteren Erziehung dieser Kinder befähigen.

So ist das Elterntraining, neben der Medikamentierung und begleitenden Therapien (z.B. Ergotherapie), eine dringend empfohlene Unterstützungsmaßnahme für die betroffenen Familien. Durch das Elterntraining wurde das Verhältnis zwischen Elternhaus und Schule noch intensiver und noch vertrauensvoller. Zuweilen wurde durch das entstandene Vertrauen das Elterntraining zu einer echten Familienberatung mit einer enorm hohen Vertraulichkeit. Das kann und soll eigentlich nicht Aufgabe der Schule sein, aber wenn es der Entwicklung des schwierigen Kindes hilft … –

Wir möchten aber auch auf einen weiteren positiven Nebeneffekt des Elterntrainings hinweisen. An den ständig laufenden Elterntrainings waren auch überproportional viele Mütter mit Migrationshintergrund beteiligt. Wenn wir in Deutschland die Integration von ausländischen Mitbürgern vehement fordern, so haben wir einen kleinen, aber sehr wirkungsvollen Beitrag dazu geleistet. Es hat Elternberatungen und Elterntrainings mit türkischen Müttern gegeben, zu denen die Mütter ihre Freundinnen als Dolmetscherinnen mitgebracht haben. Wir denken, dass dieses Bemühen um die Entwicklung eines angemessenen Erziehungsverhaltens ein echter Baustein zur Integration sein kann.

■ Beratung braucht Kompetenz

Natürlich kam uns bei unseren Bemühungen zugute, dass die Beratung auf einem sehr hohen, wissenschaftlich fundierten Niveau erfolgte. Allerdings muss bei diesen Beratungen auch das sprachliche Niveau der am Prozess Beteiligten berücksichtigt werden. Besonders bei Eltern mit fremdsprachigem Familienhintergrund, aber auch bei vielen anderen Eltern gilt es, eine deutliche, aber auch verständliche und den Gesprächspartnern angemessene Sprache zu finden, damit nicht schon hier der Faden der Beziehung durchschnitten wird.

Jeder ausgebildete Beratungslehrer kann die Aufgabe der Entwicklung einer qualifizierten Erziehungspartnerschaft erfüllen, wenn er bereit ist, respektvoll und ohne Vorurteile mit den Eltern der schwierigen Schüler umzugehen. Es sei uns gestattet, als kleinen Hinweis auf die Ausführungen in **www.learn-line.nrw.de/angebote/schulberatung** zu empfehlen, die eine ganze Palette von guten Anregungen für Beratungsgespräche zwischen Eltern und Lehrern anbieten. Diese Grundsätze helfen zumindest in der Startphase des Trainingsraum-Programms dem Lehrer, auch ohne Ausbildung zum Beratungslehrer eine Erziehungspartnerschaft zwischen Schule und Elternhaus zu initiieren, wie der folgende Auszug aus diesem Kapitel deutlich macht.

„Beratung ist zu verstehen als dialogischer Prozess des Sich-Beratens. Ziel des Prozesses ist Veränderung durch Hilfe zur Selbsthilfe. Menschen erfahren Unterstützung, sich selbst zu ändern. Beratung als Dialogprozess zielt auf die kooperative Kreation von Lösungen. Sie findet statt in einer Atmosphäre gegenseitiger Wertschätzung und respektvoller Neugier, die die Schwächen und Stärken der beteiligten Personen und der Situation berücksichtigt und nutzt. Die gemeinsam vereinbarten Ziele werden durch Denken, Sprechen und Handeln angestrebt, die Ergebnisse werden überprüft und als Anregung erneut in den Prozess der Beratung aufgenommen. Damit ist Beratung ein wichtiger Beitrag zur Entwicklung am Beratungsprozess beteiligter Menschen und der Schule insgesamt."

Nur wenn die Beratung in der Schule diese Grundsätze, die unter der nebenstehenden Internetadresse veröffentlicht sind, beherzigt, kann die Beratung zum Einstieg in die Erziehungspartnerschaft werden. Wir möchten daher zu bedenken geben, dass auf Dauer eine Beratung als Einstieg in die Erziehungspartnerschaft nur mit einer fundierten Beratungslehrerausbildung und einem fundierten Konzept zum Erfolg führen kann, und weisen noch einmal darauf hin, dass in allen Regierungsbezirken Ausbildungen für Beratungslehrer angeboten werden.

■ Gespräche auf Augenhöhe

Wenn wir die Grundsätze der Entwicklung einer Erziehungspartnerschaft beherzigen und die Eltern als gleichberechtigte Partner behandeln, werden auch die Eltern der schwierigen Schüler bereit sein, ihre Vorerfahrungen mit dem System Schule in den Hintergrund zu schieben und sich für die Mitarbeit in der Erziehungspartnerschaft zu engagieren. Dadurch wird sich auch die Grundeinstellung des schwierigen Schülers ändern. Denn zum einen ist die Schule nicht mehr ständiger Anlass zu Eltern-Kind-Konflikten, zum anderen verändert sich auch die innerfamiliäre Grundhaltung zum System Schule. Wir hoffen jedenfalls, besonders bei den Familien mit schwierigen Kindern eine Verbesserung der Einstellung zum System Schule zu erreichen.

6.

Von der Idee zur Umsetzung

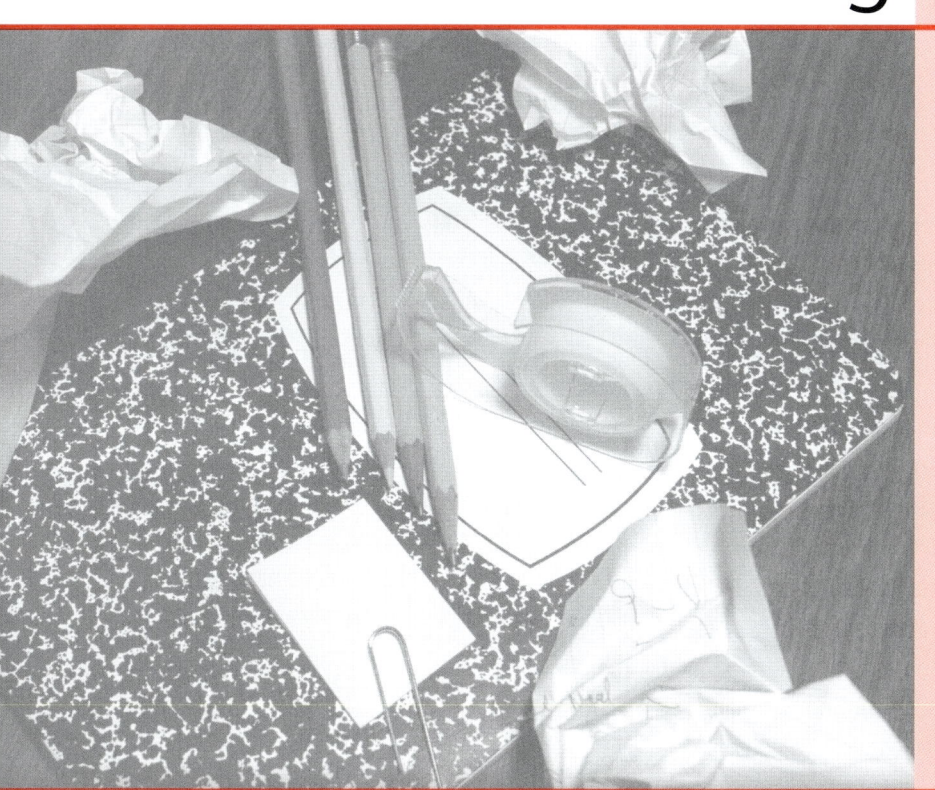

Der erste Anstoß eines Kollegiums auf die Einführung des Trainingsraum-Programms kann sehr unterschiedlich sein. Meist sind es einzelne Kollegen, die Informationen über das Programm in Gesprächen im Lehrerzimmer, mit dem Lehrerrat oder mit der Schulleitung in eine Schule einbringen. Trotz anfänglicher Bedenken, so unsere Erfahrung, gelingt es meist, alle Kollegen von dem Programm zu überzeugen. Je nach Überzeugungskraft entwickelt sich wegen der positiven Begleiterscheinungen ein reges Interesse, das letztendlich zu einem offiziellen Einstieg in das Thema führt. Die Schritte zur Einführung des Programms sind in ihrer Reihenfolge und Zeitabläufen praxisorientiert und basieren auf den Ergebnissen einzelner Kollegien bei unseren Fortbildungen und unseren Erfahrungen an der Lessingschule. Wir sind im Folgenden von einer Einführung des Trainingsraum-Programms zum Schuljahresbeginn ausgegangen. Es ist jedoch auch durchaus möglich, mit der Einführung des Programms zu einem anderen Zeitpunkt innerhalb des Schuljahres zu starten.

Schritt für Schritt

Was?	Wer?	Bis wann?
➔ Information des Kollegiums über die Idee des Trainingsraums ➔ Motivation der Lehrkräfte	Lehrer, Schulleitung oder Fortbildungsbeauftragte	im Laufe des 1. Halbjahres
➔ Grundsatzbeschluss: Thematik in Angriff nehmen und besprechen	Lehrerkonferenz	6 Monate vor dem geplanten Starttermin
➔ erster Kontakt mit möglichen **Moderatoren**, die den Prozess begleiten ➔ Klärung von Terminen und Honorarkosten ➔ Festlegung auf einen Moderator	Schulleitung, Fortbildungsbeauftragte oder Lehrerrat	1 Woche nach dem Grundsatzbeschluss
➔ Aufnahme in die schulinterne **Fortbildungsplanung**	Lehrerkonferenz	2 Wochen nach dem Grundsatzbeschluss

© Verlag an der Ruhr | Postfach 10 22 51 | 45422 Mülheim an der Ruhr | www.verlagruhr.de | ISBN 978-3-8346-0149-X

© Verlag an der Ruhr | Postfach 10 22 51 | 45422 Mülheim an der Ruhr | www.verlagruhr.de | ISBN 978-3-8346-0149-X

➋ persönliche Kontaktaufnahme mit den **Moderatoren** ➋ Informationen über den Moderationsverlauf	Schulleitung, Fortbildungsbeauftragte und/oder Lehrerratsmitglied	3 Wochen nach dem Grundsatzbeschluss
➋ Information des Kollegiums über Termin und Inhalt der Fortbildung ➋ endgültige **Beschlussfassung**	Lehrerkonferenz nach Information durch Schulleitung und/oder Fortbildungsmoderator	4 – 6 Wochen nach dem Grundsatzbeschluss
➋ 1 ganztägige Fortbildung oder 2 halbtägige **Fortbildungen** vor Ort	Kollegium, Elternvertreter und eventuell Schülersprecher	vor den Osterferien
➋ **Bildung eines Trainingsraum-Teams** ➋ eventuelle **Terminabsprachen** für die Ausbildung einzelner Lehrer	freiwillige Lehrer mit Moderatoren, falls diese auch eine Ausbildung für Trainingsraum-Gespräche anbieten	am Ende der Fortbildung
➋ offizieller Beschluss der **Lehrerkonferenz** über den Einstieg in das Programm ➋ Bestätigung des Teams	Lehrerkollegium nach fristgerechter Einladung der Schulleitung	spätestens 3 Wochen nach der Fortbildungsveranstaltung
➋ Beschluss der **Schulkonferenz**	Schulleitung, Lehrer, Eltern und Schüler	2 Wochen nach der Lehrerkonferenz
➋ Information der **Schulaufsicht**	Schulleitung	1 Woche nach der Schulkonferenz
➋ Klärung der **Raumfrage** und nötiger baulicher Maßnahmen	Trainingsraum-Team, Schulleitung, Hausmeister und Vertreter des Schulträgers	1 Woche nach der Schulkonferenz

⊛ Erweiterung des Trainings- raum-Teams um weitere interessierte Kollegen	Teammitglieder, inter- essierte Kollegen und eventuell Schulleitung	2 Nachmittage bis spätestens 6 Wochen vor Ferienbeginn
⊛ Einrichten des Trainings- raums **⊛** Beschaffung der nötigen Materialien	Trainingsraum-Team, Hausmeister, Schullei- tung und Schulträger	bis zu den Sommer- ferien
⊛ Erstellen der **Formulare** und Regeln und Vorschläge für Beratungsstrukturen	Trainingsraum-Team und Schulleitung	4 Wochen vor Ferien- beginn
⊛ Lehrerinformation über die standortspezifischen Regelungen	Trainingsraum-Team und Schulleitung	4 Wochen vor Ferien- beginn
⊛ Schülerinformation a) in einer Schülerversammlung b) in der Klasse	a) SV-Lehrer mit Trainingsraum-Team- lehrern b) Klassenlehrer mit Trainingsraum-Team- lehrer	a) 3 Wochen vor Ferienbeginn b) letzte Woche vor und 1. Woche nach den Ferien
⊛ Elterninformation a) Elternbrief mit Einladung zur Elternversammlung b) in einer Elternversammlung c) in der Klassenpflegschaft	a) Trainingsraum- Team mit Schulleitung b) Trainingsraum- Team mit Schulleitung c) Klassenlehrer mit Trainingsraum-Team- lehrer	a) 3 Wochen vor Ferienbeginn b) 1 Woche vor Ferienbeginn c) 1. Woche nach Ferienende
⊛ 1. **Evaluationskonferenz**	Trainingsraum-Team, Schulleitung und Lehrer	am Ende des 1. Halbjahres

© Verlag an der Ruhr | Postfach 10 22 51 | 45422 Mülheim an der Ruhr | www.verlagruhr.de | ISBN 978-3-8346-0149-X

1. Schritt für Schritt …

➔ Der Grundsatzbeschluss

Ein sinnvoller Einstieg ist der Beschluss, das Thema „Trainingsraum-Programm" in einer kollegiumsinternen Fortbildung zu behandeln. Man sollte sich allerdings darüber im Klaren sein, dass der Einstieg in dieses Programm eine Fortbildung in größerem Umfang erfordert. Es genügt sicher nicht, wenn das Programm lediglich als Tagesordnungs-punkt in einer Lehrerkonferenz behandelt und beschlossen wird. Ob dabei ein schul-fremder Experte diese Fortbildung moderieren sollte, bleibt den einzelnen Kollegen überlassen. Wir können jedoch aus eigener Erfahrung empfehlen, Fremdmoderatoren zu engagieren, die bereits praktisch mit dem Programm gearbeitet haben. Sie wissen, welche Ängste, Bedenken und Befürchtungen auftauchen können. Wir nehmen diese Ängste und die hieraus entstehenden Fragen sehr ernst; nur so können auch alle mög-lichen Bedenken erkannt und aus dem Weg geräumt werden. Daher empfehlen wir, die Beauftragung eines Fremdmoderators schon in den Beschluss mit einzubinden.
Der Grundsatzbeschluss sollte spätestens sechs Monate vor einem möglichen Programm-start erfolgen, damit die Einführung des Programms zum festgesetzten Zeitpunkt erfolgen kann.

➔ Moderatoren

Nach einem Beschluss zur Einbindung des Trainingsraum-Programms in die Fortbildungs-planung muss die Schulleitung oder der Fortbildungsbeauftragte mögliche Moderatoren suchen. In den Veröffentlichungen der Lehrerverbände oder der kirchlichen Fortbildungs-einrichtungen, aber auch vermehrt bei den offiziellen schulischen Fortbildungsträgern, werden Veranstaltungen für kollegiumsinterne Lehrerfortbildungen zum Thema ange-boten. Meist handelt es sich um ganztägige Veranstaltungen mit einem Zeitrahmen von vier bis fünf Arbeitseinheiten von je 90 Minuten. Die Erfahrungen aller Veranstalter zeigen, dass eine intensive und nachhaltige Fortbildung Grundvoraussetzung für eine dauerhafte und effektive Implementierung des Programms ist. Zunächst werden mit den Moderatoren Termine, der Veranstaltungsort und die entsprechenden Honorarforderungen sowie der Ablauf besprochen. Am preiswertesten sind dabei meist die kirchlichen und schulischen Anbieter, während die privaten Institute erfahrungsgemäß teurer sind. Die Schulleitung, der Fortbildungsbeauftragte und der Lehrerrat einigen sich auf einen Moderator, die Terminierung und den Ort der Fortbildung und geben diese Information zur Abstim-mung an das Kollegium weiter.

UNSERE ERFAHRUNGEN

Wir haben bisher ca. 30 Moderationen für alle Schulformen durchgeführt.
Unsere Beauftragung erfolgte ausschließlich durch mündliche Weiterempfehlung.

➜ Termin

Der Fortbildungstermin sollte beim Start zum Schuljahresbeginn vor den Osterferien liegen, damit alle nötigen Maßnahmen ohne Zeitdruck ausführt werden können.

➜ Vorgespräch

Nach der Absprache von Termin, Ort und Moderator findet in der Regel ein ausführliches Vorgespräch zwischen dem Moderator oder dem Moderatorenteam und Vertretern der Schule statt. Teilnehmer der Schule können Schulleitungsmitglieder, Mitglieder des Lehrerrates, engagierte Lehrer und/oder der Fortbildungsbeauftragte der Schule sein. Die Gruppe sollte jedoch nicht mehr als vier bis fünf Teilnehmer umfassen.

UNSERE ERFAHRUNGEN

Wir treffen uns zur Vorbereitung der Fortbildung mit den zu moderierenden Schulen im Trainingsraum der Lessingschule und klären in einem ca. 90-minütigen Gespräch die konkreten Rahmenbedingungen der Fortbildung ab. Dazu gehören die genauen Zeitabläufe, die Pausen, die logistischen Fragen und die groben inhaltlichen Strukturen der Fortbildung. Für uns als Moderatoren ist die Kenntnis der schulspezifischen Vorbedingungen von großer Bedeutung, da sie bei den Zielvorgaben der Implementierung berücksichtigt werden müssen.

➜ Lehrerkonferenz

Wenn diese Fragen geklärt sind, kann in der Lehrerkonferenz die Fortbildung besprochen und beschlossen werden. Die Entscheidung über den Veranstaltungsort, die Finanzierung der Fortbildung, den Termin und den Träger oder Leiter der Moderation sollte vom Kollegium getroffen werden. Bei Einhaltung der gesetzlichen Fristen wird diese Lehrerkonferenz vier bis sechs Wochen nach dem Grundsatzbeschluss stattfinden können. Die gemeinsam entwickelten Vorgaben für die Fortbildung werden in der Einladung zur Fortbildung aufgeführt.

UNSERE ERFAHRUNGEN

Wir stellen es den Kollegien frei, ob sie Eltern- und Schülervertreter zu dieser Fortbildung einladen. Unsere diesbezüglichen Erfahrungen sind sehr positiv. Die außerschulische Fortbildungsteilnehmer haben die Sicht aller erweitert, indem sie immer wieder neue und spannende Aspekte in die Fortbildung eingebracht haben.

➲ Die Fortbildung

Die Gestaltung der Fortbildung ist natürlich von Moderator zu Moderator unterschiedlich. Daher werden wir beispielhaft über Inhalt und Ablauf unserer Fortbildung berichten. Das wesentliche Merkmal unserer Fortbildung ist die starke Praxisnähe, da wir davon ausgehen, dass auf die theoretischen Anteile bei einem verhaltensorientierten Programm verzichtet werden kann. Das ist für uns auch deshalb von Bedeutung, weil wir den psychologischen Teilbereich den Fachleuten überlassen wollen.

1. Fragebogen

Zu Beginn der Fortbildung versuchen wir das Kollegium durch einen anonymen Fragebogen auf die Thematik einzustimmen (s. Kopiervorlage „Fragebogen zu Unterrichtsstörungen", S. 136). Die Ergebnisse dieser Fragebögen werden im weiteren Verlauf berücksichtigt und dem Kollegium am Ende der Fortbildung mitgeteilt.

2. Prozessablauf

Anschließend erläutern wir die einzelnen Schritte des Prozessablaufs. Diese Informationen werden durch die Formulare und Praxisbeispiele verdeutlicht.

3. Eigenverantwortliches Handeln

Im Anschluss an einen kurzen theoretischen Vorspann wollen wir den Kollegen helfen, durch Gruppenarbeiten und Positionierungsübungen, das nötige Selbstbewusstsein für den eigenverantwortlichen Umgang mit Unterrichtsstörungen zu entwickeln. Wir hören bei unseren Vorgesprächen immer wieder, dass Schulleitungen, Lehrerratsmitglieder oder beteiligte Kollegen gerade in dem eigenverantwortlichen Umgang ein mögliches Hindernis für den reibungslosen Ablauf des Programms sehen. Wir versuchen jedoch, jeden Kollegen ernst zu nehmen und auf seine Probleme einzugehen. Auch wollen wir die Lehrer darin bestärken, während des Prozesses eigenverantwortlich zu handeln.

4. Abstimmung

Um am Ende der Fortbildung ein gültiges Meinungsbild zu erhalten, geben wir allen Teilnehmern die Möglichkeit, noch einmal das Für und Wider des Trainingsraum-Programms in kleinen Arbeitsgruppen zu erarbeiten. Anschließend werden die Ergebnisse vorgestellt und im Plenum diskutiert. Auch hier ist es für uns äußerst wichtig, dass keine Einzeläußerung unberücksichtigt bleibt. Am Ende steht eine informelle Abstimmung, bei der die Absicht über die Einführung des Programms abgefragt wird.

UNSERE ERFAHRUNGEN

Diese Abstimmungen sind bei unseren bisherigen 30 Fortbildungen ohne Gegenstimmen und nur mit sporadischen Enthaltungen für die Einführung des Trainingsraum-Programms ausgefallen.

➔ Trainingsraum-Team

Als Nächstes wird darüber entschieden, wer von den Kollegen an der Arbeit im Trainingsraum-Programm teilnehmen möchte. Dabei zeigt sich in der Regel, dass viel mehr Lehrer interessiert sind, als benötigt werden.

UNSERE ERFAHRUNGEN

Wir raten dazu, keinen Freiwilligen abzulehnen, da am Ende doch – so unsere Erfahrung – mehr ausgebildete Kollegen benötigt werden, als zunächst gedacht. Es wird immer wieder Wechsel wegen Änderungen in der Unterrichtsverteilung, Versetzungen u.Ä. geben. Daher ist es durchaus wünschenswert, über einen bestimmten Personalpuffer verfügen zu können. Außerdem kann es keinem Kollegen schaden, wenn er seine Beratungskompetenz erweitert. Anschließend erarbeiten diese Kollegen gemeinsam mit der Schulleitung den konkreten Realisierungsplan.

➔ Realisierungsschritte

In einem nächsten Schritt müssen die weiteren Realisierungsschritte festgelegt werden. Am besten wird ein entsprechend ausgearbeiteter Plan mit den einzelnen Arbeitsschritten und Terminen im Lehrerzimmer ausgehängt und in diesem Plan vermerkt, welche Arbeitsschritte erledigt wurden.

➜ Lehrerkonferenz

Da die Abstimmung während der Fortbildung nur informellen Charakter hatte, muss nun in den nächsten beiden Wochen in einer Lehrerkonferenz die endgültige, formale Zustimmung zum Einstieg in das Programm beschlossen werden. Damit verbunden sind schon einige vom Trainingsraum-Team gemeinsam mit der Schulleitung entwickelte standortspezifische Regelungen, die wiederum an die Schulkonferenz weitergegeben werden.

1. Der wichtigste Punkt ist die Bereitstellung von Personal. Dabei muss sowohl der Besetzungsumfang, der Berechnungsfaktor der Trainingsraum-Stunden für die Teammitglieder und eventuelle Kompensationsmaßnahmen, wie Unterrichtskürzungen oder veränderte Gruppengrößen u.Ä., geregelt werden.

2. Es ist auch durchaus legitim, eine Probephase zu beschließen. Sie sollte jedoch mindestens ein halbes Jahr umfassen.

3. Weiterhin sollte in dieser Konferenz die Zusammensetzung des Trainingsraum-Teams bestätigt werden. Die Finanzierung der Ausbildung der Trainingsraum-Lehrer ist ebenfalls ein wichtiger Entscheidungspunkt dieser Lehrerkonferenz.

➜ Schulkonferenz

Die Schulkonferenz als wichtigstes Entscheidungsgremium der Schule hat die Aufgabe, das Programm mit seinen standortspezifischen Ausprägungen in eine Form zu bringen, die ins Schulprogramm passt. Mit der Einstellung des Programms sind vor allem auch die Ausschlüsse bei Verstößen gegen die Prozessstruktur rechtlich abgesichert. Aber auch die übrigen Maßnahmen und Regelungen erhalten durch die Zustimmung des höchsten Entscheidungsgremiums ein besonderes Gewicht. Vor allem für die so genannten „schwachen" Lehrer ist es wichtig, dass sie auf die Unterstützung der gesamten Schulgemeinde bauen können. Aber auch bei Konflikten mit Eltern und der Schulaufsicht ist das Einbringen des Prozesses in das Schulprogramm von enormer Bedeutung.

Als Tagungstermin schlagen wir einen Termin innerhalb von zwei Wochen nach der Lehrerkonferenz vor.

➜ Schulaufsicht

Es hat sich aus praktischen Gründen als günstig erwiesen, dass die Schulleitung nach dem Beschluss der Schulkonferenz die Schulaufsicht über den Einstieg in das Programm informiert. Bisher gab es einen Fall, bei dem die Schulaufsicht Bedenken wegen des eventuellen Unterrichtsausfalls und der Umgehung des Schulgesetzes bei Unterrichtsausschlüssen anmeldete. Die Bedenken konnten ausgeräumt werden, und die betreffende Schule konnte das Programm einführen. In den übrigen Fällen wurde bei der Einführung des Programms volle Unterstützung der Schulaufsicht zugesagt.

➜ Die Raumfrage

In vielen Fällen war die Raumfrage zunächst ein problematischer Punkt. In keinem einzigen Fall ist der Einstieg in das Programm an diesem Problem gescheitert. Der Raum sollte im Idealfall zentral liegen und schlicht und reizfrei eingerichtet sein. Günstig sind Einzelarbeitstische und mehrere Schülerplätze als Wartezone. Schulleitung, Hausmeister, das Trainingsraum-Team und eventuell der Schulträger sind an diesem Vorgang beteiligt.

➜ Die Einrichtung des Trainingsraums

Hausmeister und Trainingsraum-Team sorgen gemeinsam mit Unterstützung der Schulleitung für die eventuell nötige Renovierung und für die Möblierung des Raumes. Entsprechende Mittel können bei selbst verwalteten Schulen aus dem Unterhaltsetat und ansonsten vom Schulträger, Förderverein oder Sponsoren bereitgestellt werden. Für diese Arbeiten steht bei einem Start zum Schuljahresbeginn der gesamte Zeitraum bis zu den Sommerferien zur Verfügung.

Zur Ausstattung des Raumes gehören neben den Möbeln noch ein Telefon, ein Aktenschrank, ein Kopierer und ein Schreibtisch. Das Telefon ist nötig, um bei Unterrichtsausschlüssen umgehend die Eltern zu benachrichtigen. Im Aktenschrank werden die prozessabhängigen Dokumentationen aufbewahrt. Sie sollten so abgeheftet sein, dass im Bedarfsfall ein unmittelbarer Zugriff möglich ist. Zu diesen Akten gehört grundsätzlich auch eine Kopie des Rückkehrplanes, die bei den Elterngesprächen eine wichtige Rolle als Grundlage für die Zusammenarbeit spielt. Als Kopierer reicht ein ganz einfacher DIN-A4-Kopierer, den man unter Umständen von einer Büromaschinenfirma gestiftet bekommt. Es gibt auch Schulen, die die Rückkehrpläne scannen und über den Computer ausdrucken bzw. im PC archivieren. Da sollte jede Schule ihre eigene standortspezifische Lösung finden. Der Schreibtisch oder das Pult ist der Beratungsplatz und sollte zumindest eine Aufbewahrungsmöglichkeit für die nicht fertigen Rückkehrpläne enthalten.

Empfehlenswert ist hier ein Hängeregister, um einen schnellen Zugriff zu gewährleisten. Ob der Raum jetzt wohnlich, sachlich oder gar gruselig gestaltet ist, muss jede Schule für sich entscheiden. Wir haben uns an der Lessingschule für die schlichte, sachliche Version entschieden. Aber auch eine wohnliche Atmosphäre würde dem Prozess angemessen sein. Als indiskutabel sehen wir die Lösung einer Schule an, in der die Schüler in schwarzen Boxen mit dem Gesicht zur Wand an ihrem Rückkehrplan arbeiten.

➲ Die Ausbildung des Trainingsraum-Teams

Spätestens sechs Wochen vor den Sommerferien sollten die Lehrer des Trainingsraum-Teams, aber auch sonstige interessierte Kollegen die Ausbildung in den trainingsraumadäquaten Gesprächstechniken abgeschlossen haben. Der Veranstalter der Ausbildung sollte auf jeden Fall praktische Erfahrungen im Trainingsraum haben, damit eine möglichst praxisnahe Ausbildung gewährleistet ist. Allgemeine Gesprächstechniken und -methoden sind zwar hilfreich, nehmen aber zu viel Zeit in Anspruch.

UNSERE ERFAHRUNGEN

Wir bieten bei unseren Fortbildungen eine Ausbildung von insgesamt sechs Arbeitseinheiten von je 45 Minuten an zwei Nachmittagen an. Ein Nachmittag findet in der Regel in unserem Trainingsraum statt, der zweite in der jeweiligen Schule. Der Termin für die Ausbildung wird am Ende der Fortbildung mit dem Team festgelegt, sollte aber – auch bei anderen Fortbildungsträgern – möglichst früh stattfinden, damit das Team noch offene Fragen mit dem Moderator klären kann.

➲ Formulare

Eine der abschließenden Aufgaben der Teammitglieder ist die Gestaltung standortspezifischer Formulare, die dem Kollegium in der letzten Konferenz des Schuljahres zur Genehmigung vorgelegt werden müssen, da sie meist auch mit festen Regelinhalten verbunden sind. Die Informationsformulare an die Eltern enthalten z.B. Hinweise über die Beratungstermine oder die Informationen zu Ausschlussgründen. Daher ist eine Zustimmung des gesamten Kollegiums zu den einzelnen Formularen dringend erforderlich. Außerdem sollen die Kollegen alle Formulare kennen und sie auch den Eltern in den ersten Klassenpflegschaftssitzungen vorstellen. Im Anhang haben wir einige Formulare als Kopiervorlagen zusammengestellt (S. 135 ff.). Diese können natürlich auch als Anregung genutzt und entsprechend umgeändert werden.

➲ Evaluation

Sinnvoll ist – so unsere Erfahrung – eine Evaluation etwa ein halbes Jahr nach der Einführung des Programms. So können eventuell aufgetretene Unklarheiten geklärt und Fallstricke beseitigt werden. Wir haben zur Evaluation auch eine Schülerbefragung durchgeführt, um die Außenwirkung zu überprüfen (s. Kopiervorlage „Evaluationsfragebogen für Schüler", S. 147). Auf die Frage: *„Was glaubst du, wie deine Eltern das Trainingsraum-Programm beurteilen?"*, antworteten die meisten Schüler mit „sehr gut" bzw. „gut". Diese Aussagen wurden von den Eltern bestätigt. Die Kollegen konnten sich zunächst in einem entsprechenden, für sie erstellten Fragebogen (s. Kopiervorlage „Evaluationsfragebogen für Lehrer", S. 146) und anschließend in einer Evaluationskonferenz zu dem Programm äußern. Wir haben an unserer Schule die Evaluation im innerkollegialen Konferenzgespräch durchgeführt, weil das Vertrauensverhältnis der Kollegen untereinander eine offene Aussprache erlaubte. Die Eltern wurden in den jeweilig angesetzten Klassenpflegschaftssitzungen befragt.

Mit den beiden Fragebögen soll v.a. die Effizienz des Programms überprüft werden. Bei der Evaluationskonferenz müssen natürlich auch andere Aspekte des Programms besprochen und auf Angemessenheit, Wirksamkeit und Praktikabilität überprüft werden. Wichtige Punkte sind dabei vor allem die eingesetzten Formulare, die Absicherung der Kommunikationswege, die Beratungstermine mit den Eltern und eventuell auch einzelne Missverständnisse innerhalb der Lehrerschaft über die Durchführung des Programms in der Klasse. So mussten wir bei den Evaluationskonferenzen immer wieder Kleinigkeiten korrigieren, um die feste Prozessstruktur auch auf Dauer zu gewährleisten.

Wer muss noch informiert werden?

Ein wesentlicher Punkt vor dem Start des Programms ist es, alle am Prozess beteiligten Mitglieder der Schulgemeinde über das Vorhaben zu informieren. Verantwortlich sind dafür die Mitglieder des Trainingsraum-Teams in Absprache mit der Schulleitung.

➔ Die Kollegen

Das Kollegium sollte während der Ausarbeitung der standortspezifischen Regeln in ständigem Dialog mit den Mitgliedern des Trainingsraum-Teams stehen. Alle nötigen Entscheidungen, wie Raumfrage, Raumgestaltung, Ausstattung, Formulare, Beratungsrhythmen u.Ä. werden zwar vom Team vorbereitet, sollten aber dem Gesamtkollegium vorgelegt werden. Es darf nicht der Eindruck entstehen, dass der Trainingsraum die Herzensangelegenheit einer Handvoll von Kollegen ist. In Dienstbesprechungen und Konferenzen werden die einzelnen Schritte immer wieder dargestellt und bei entsprechender Zuständigkeit zur Beschlussfassung vorgelegt. Die Identifikation eines jeden Einzelnen wächst mit der Dichte der Information und der Beteiligung.

➔ Die Schüler

Auch die Schüler sollten, soweit wie möglich, in Entscheidungsprozesse einbezogen werden. Allerdings sollte der SV-Lehrer die Schüler mit größter Vorsicht an ihre Mitgestaltungsmöglichkeiten heranführen, damit das Programm nicht verwässert wird. Auf jeden Fall sollten die Schüler darüber befinden können, wie sie informiert werden sollen. Es gibt zum einen die Möglichkeit einer Schülerversammlung, in der der SV-Lehrer mit Teammitgliedern das Programm vorstellt. Es gibt außerdem die Information in der Klasse, die der Klassenlehrer gemeinsam mit einem Teammitglied durchführt. Aber auch Stufenversammlungen, Jahrgangsversammlungen u.ä. Veranstaltungen sind denkbar. Auch die Kombination einer Schülerversammlung vor den Ferien und einer Klasseninformation zu Beginn des neuen Schuljahres ist ein oft praktiziertes Informationsmodell. Es muss auf jeden Fall sichergestellt sein, dass die Schüler beim Start des Programms umfassend informiert sind. Schüler, die im Laufe des Schuljahres aufgenommen werden, sollen bei der Aufnahme durch ein Teammitglied mit den Regeln vertraut gemacht werden.

❯ Die Eltern

Sehr wichtig ist die Bereitschaft der Eltern zur Mitarbeit bei dem Trainingsraum-Programm, da Schule und Elternhaus beim Ablauf des Programms eng zusammenarbeiten müssen. Damit die Zusammenarbeit gut funktioniert, ist es notwendig, alle Eltern über die Einführung und den Ablauf des Programms zu informieren. In einem Brief (s. Kopiervorlage „Elternbrief", S. 148 f.) werden die Eltern kurz über die Einführung des Programms informiert und erhalten gleichzeitig auch eine Einladung zu einer Elternversammlung. Es kann natürlich auch eine gesonderte Einladung zu einem Elternabend erfolgen. Die Verfassung des Elternbriefes und die Moderation ist Aufgabe des Trainingsraum-Teams in Absprache mit der Schulleitung. In den Klassenpflegschaftssitzungen nach Schuljahresbeginn informiert der Klassenlehrer die Eltern mit Unterstützung eines Teammitglieds noch einmal über den Ablauf des Trainingsraum-Programms an der Schule.

Zehn Rahmenbedingungen

Im letzten Teil dieses Kapitels beschäftigen wir uns mit den Fallstricken und „Versuchungen", die bei der Einrichtung und Durchführung des Programms auftauchen können. Im Folgenden stellen wir zehn Rahmenbedingungen vor, die unbedingt eingehalten werden müssen, um einen reibungslosen Prozessablauf zu gewährleisten.

10 Rahmenbedingungen für einen erfolgreichen Prozessablauf

I. Das Programm wird ausschließlich bei Unterrichtsstörungen genutzt.

II. Der Prozess ist absolut sanktionsfrei.

III. Der Prozessablauf wird konsequent eingehalten:
1. Ermahnung ➙ Entsendung, nicht Rauswurf ➙ Ausfüllen des Infozettels ➙ respektvolle Behandlung bei der Rückkehr ➙ kein Nachhaken ➙ konsequenter Ausschluss bei Verstößen gegen die Prozessstruktur

IV. Die Trainingsraum-Lehrer werden speziell ausgebildet.

V. Alle Kollegen akzeptieren den Prozess und kein Kollege arbeitet dagegen.

VI. Prozessunabhängig arbeitende Kollegen beschränken sich auf legale Sanktionen (keine illegalen Ausschlüsse).

VII. Die Struktur des Prozesses wird durch die Schulleitung gewährleistet: Rückkehrgespräche, Stundenplan, Vertretungsplan.

VIII. Die Beratung von Eltern und Schülern erfolgt in regelmäßigen Abständen.

IX. Es gibt eine Dokumentation aller Vorgänge.

X. Zu den festgelegten Zeiten ist immer ein Trainingsraum-Lehrer im Trainingsraum anwesend.

I. Das Programm wird ausschließlich bei Unterrichtsstörungen genutzt

Es hat durchaus gut durchdachte Versuche gegeben, den Prozess auf andere Bereiche des Schullebens zu erweitern. Wir wissen z.B. von einer Schule, dass Schüler, die sich in der Pause unangemessen, rücksichtslos oder gewalttätig verhalten, während der Pause in den Trainingsraum geschickt werden, um über ihr Fehlverhalten nachzudenken. Allerdings waren diese Vergehen meist auch mit Sanktionen verbunden. Damit war das Prinzip der Sanktionsfreiheit im Trainingsraum unterlaufen, und der Trainingsraum erhielt so eine Komponente, die mit den Grundsätzen des Programms nicht vereinbar ist.

Wenn in einer Schule Einigkeit darüber besteht, dass Gewalt und Rücksichtslosigkeit mit Sanktionen geahndet werden sollen, so können wir solche Verhaltensweisen nicht im Rahmen dieses Programms bearbeiten. Das gilt auch für den Versuch, nicht angefertigte Hausaufgaben zunächst in der Trainingsraum-Beratung zu bearbeiten und anschließend zu sanktionieren. Damit wird der Trainingsraum mit Sanktionen in Verbindung gebracht und verliert so den Nimbus der straffreien Behandlung von Schülerfehlverhalten.

II. Der Prozess ist absolut sanktionsfrei

Viele der von uns moderierten Schulen waren trotz eindringlicher Warnungen der Versuchung der Sanktionen erlegen. Gerade die deutliche Dokumentation des Fehlverhaltens bringt Kollegien zu der Meinung, über zusätzliche Strafen die Wirksamkeit des Programms verstärken zu müssen, da die schwierigen Schüler ja wohl offensichtlich keine entscheidenden Verhaltensänderungen zeigen. In Verkennung der eigentlichen Auswirkung für die Behandlung von schwierigen Schülern führen diese Strafen zur Rückkehr zu alten Verhaltensweisen, und der gewünschte Effekt, dass schwierige Schüler sich besser führen lassen, geht verloren.

17,3%	66,7%	14,4%	1,6%
trifft völlig zu	trifft eher zu	trifft eher nicht zu	trifft gar nicht zu

Schwierige Schüler lassen sich besser führen

Die Schüler treten wieder in den Konflikt ein, wenn sie wissen, dass sie bei einer bestimmten Anzahl von Entsendungen bestraft werden. Denn ihnen ist klar, dass sie diese Schwelle erreichen werden, und sie sehen in jeder Entsendung einen weiteren Schritt in Richtung Bestrafung.

In fast allen Fällen, in denen wir nach Einführung des Programms zu Hilfe gerufen wurden, hatten die Kollegien entweder bereits bei der Installation oder zu einem späteren Zeitpunkt Sanktionen in den Prozess eingebaut und waren erstaunt, wenn es hakte. In Einzelfällen hatten auch Klassenlehrer oder Fachlehrer ein individuelles Strafsystem auf der Basis der Trainingsraum-Dokumentationen entwickelt. In all diesen Fällen konnten wir dabei helfen, die entscheidendenden Grundsätze des Programms wieder herzustellen, sodass der Prozess wieder reibungslos ablief.

III. Der Prozessablauf wird konsequent eingehalten

Leider ist auch der Prozessablauf ab und zu gefährdet. Vor allem ist es gefährlich, nach einer ausdrücklichen Ermahnung bei der nächsten Störung noch einmal Nachsicht zu zeigen und erst bei der übernächsten Störung oder gar noch später mit einer Entsendung zu reagieren. Und anschließend wundert sich der Lehrer, dass die Schüler bei jeder ausdrücklichen Ermahnung und jeder Entsendung glauben, in Verhandlungen eintreten zu müssen. Wenn der Lehrer den Schüler ermahnt hat, muss er ihn auch bei der nächsten Störung in den Trainingsraum entsenden – sonst verliert er an Glaubwürdigkeit und der Prozess an Zuverlässigkeit.

Es gibt allerdings auch den anderen Fall, dass ein Lehrer von dem Verhalten eines Schülers so enttäuscht ist, dass er ihn spontan bei der ersten schweren Störung in den Trainingsraum schickt. Auch hier gibt es naturgemäß Probleme: Der Schüler wehrt sich, es kommt zum Konflikt und im schlimmsten Fall zu unnötigen Respektlosigkeiten. In weniger schlimmen Fällen bringt der Schüler seine Beschwerde im Trainingsraum vor. Dann hat der beratende Trainingsraum-Lehrer ein Problem, denn er erkennt an der Information des entsendenden Lehrers, dass keine ausdrückliche Ermahnung erfolgt ist. Hier ist Diplomatie gefordert, denn einerseits muss der Trainingsraum-Lehrer den Schüler zu einem Rückkehrplan bewegen und zum anderen muss er dem Kollegen in einer ruhigen Minute noch einmal die Regeln des Prozesses näherbringen.

Wesentlich problematischer sind die Entsendungen der Kollegen, die das Programm nicht anwenden, aber in extremen Notlagen die Schüler sofort und ohne Information und ausdrückliche Ermahnung in den Trainingsraum schicken, um einen eskalierten Konflikt zu beenden. Auch hier muss der Trainingsraum-Lehrer versuchen, dem Schüler das Vorgehen des Lehrers zu erklären und mit dem Lehrer die Prozessregeln noch einmal besprechen. Ganz wichtig ist auch die konsequente Verfügung des Unterrichtsausschlusses bei Verstößen gegen die Prozessstruktur. Hier darf es keine Einschränkungen und unangebrachte Rücksichten geben, damit der Prozess absolut abgesichert ist.

IV. Die Trainingsraum-Lehrer werden speziell ausgebildet

Wenn wir die Anforderungen sehen, die an die Trainingsraum-Lehrer von allen Seiten gestellt werden, so können diese Kollegen ihre Aufgabe nur auf der Grundlage einer besonderen Qualifizierung erfüllen. Ihnen wird sehr viel Einfühlungsvermögen im Umgang mit den Schülern wie auch mit ihren Kollegen abverlangt und sie müssen über ein gesichertes Repertoire an Gesprächstechniken verfügen, um der Vielfalt der Gesprächspartner, der Gesprächsziele und der Gesprächssituationen gerecht zu werden. Deshalb werden an unserer Schule Trainingsraum-Lehrer grundsätzlich nur durch einen anderen Trainingsraum-Lehrer vertreten.

V. Alle Kollegen akzeptieren den Prozess und kein Kollege arbeitet dagegen

Die größte Sorge bei den Fortbildungen besteht immer darin, dass nicht alle Kollegen den Prozess mittragen. Es hat sich jedoch bei den beteiligten Schulen gezeigt, dass auch die Kollegen, die das Programm nicht nutzen, zumindest nicht gegen das Programm arbeiten. Wenn der Prozess ins Schulprogramm übernommen worden ist, kann der Einzelne die Nutzung des Programms mit der Berufung auf die pädagogische Freiheit zwar ablehnen, aber er hat nicht mehr die Freiheit, gegen das Programm zu agieren. Und er hat auf keinen Fall das Recht, andere Kollegen wegen der Nutzung des Programms zu diskriminieren oder zu versuchen, sie in Einzelfällen von der Anwendung der Prozessregeln abzuhalten, was in der Tat schon geschehen ist. In solchen Fällen ist die Schulleitung gefordert. Sie hat schließlich die Verantwortung dafür, dass das Schulprogramm und die entsprechenden Konferenzbeschlüsse realisiert werden.

VI. Prozessunabhängig arbeitende Kollegen beschränken sich auf legale Sanktionen

Wenn Kollegen sich in eigenverantwortlicher Entscheidung dazu entschließen, nicht am Programm teilzunehmen, sollte jeder das akzeptieren. Allerdings muss gewährleistet sein, dass diese Lehrer sich auf Maßnahmen beschränken, die nach den Erlassen in den einzelnen Bundesländern erlaubt sind. Damit verbieten sich verschiedene Formen des Unterrichtsausschlusses, weil sie nicht gestattet sind. Auch die Schulleitung kann bei Unterrichtsstörungen nicht mehr in Anspruch genommen werden. Selbst Klassenkonferenzen wegen häufiger Unterrichtsstörungen finden grundsätzlich nicht mehr statt.

Es geht bei diesen Einschränkungen nicht darum, die betreffenden Kollegen unter Druck zu setzen. Sie können jedoch nicht erwarten, dass illegale Strafen gebilligt werden, wenn es legale und wirksame Mittel zur Beseitigung von Unterrichtsstörungen gibt. Außerdem geht es nicht, dass Klassenkonferenzen wegen Unterrichtsstörungen einberufen werden, nur weil ein einzelner Kollege auf dieser Sanktionsebene verharren will.

VII. Die Struktur des Prozesses wird durch die Schulleitung gewährleistet

Das Programm ist nur dann in vollem Umfang und voller Gültigkeit gesichert, wenn die Schulleitung das Programm unterstützt. Das gilt vordergründig zunächst für die Rückkehrgespräche bei Unterrichtsausschlüssen, aber auch für die Unterstützung bei der Stundenplangestaltung, bei Vertretungsplänen, bei allen Informationsmaßnahmen und in den Konferenzen. Eine Schulleitung, die das Trainingsraum-Programm an ihrer Schule installieren und erhalten will, muss bei all ihren Entscheidungen die Belange des Programms berücksichtigen. Bei unseren Moderationen gab es mehrere Fälle, bei denen eine Schulleitung dem Programm skeptisch und in einem Fall sogar ablehnend gegenüberstand. In diesem besonderen Fall konnte das Programm trotz einstimmigen Votums des Kollegiums nicht nachhaltig installiert werden. Die Schulleitung selbst sollte jedoch nicht im Trainingsraum arbeiten, um jeden Verdacht der Kontrolle bei den entsendenden Kollegen zu vermeiden.

VIII. Die Beratung von Eltern und Schülern erfolgt in regelmäßigen Abständen

Ein wichtiger Teil des Programms sind die regelmäßigen Elternberatungen. Ganz gleich, zu welchen Beratungsabständen eine Schule sich entschließt, die vorgegebenen Termine müssen nach Möglichkeit eingehalten werden. Elterngespräche dürfen nicht ohne Not verschoben werden oder gar ganz entfallen. Es kann bei schwierigen Schülern trotz der bei uns eingeführten Verdopplung des Beratungsabstandes (bei sechs statt bei drei weiteren Entsendungen sind Beratungen fällig) möglich sein, dass die Entsendungen so kurz hintereinander folgen, dass bis zum Zeitpunkt der Beratung schon sieben, acht oder gar zehn Entsendungen erfolgt sind. Diese Regelung hat zwar bei einigen Eltern zu einer Vielzahl von Beratungsterminen und Hilfeplangesprächen geführt, aber die Eltern waren trotzdem kooperationsbereit, da sie die Beratungsgespräche auch aus familiären Gründen brauchten. Die festen Beratungstermine verpflichten Schule und Elternhaus in gleichem Maße.

IX. Es gibt eine Dokumentation aller Vorgänge

Die Dokumentationen müssen wegen ihrer Bedeutung eindeutig und klar verständlich sein. Das bedeutet für alle Trainingsraum-Lehrer, dass sie dieselben Dokumentationsregeln einhalten. Damit ist ein Grad an Verlässlichkeit gewährleistet, der die Gerechtigkeit und Transparenz für alle Beteiligten garantiert. Außerdem lassen sich mit diesen Dokumentationen alle schulischen und außerschulischen Maßnahmen begründen und begleiten. Die Maßnahmen werden zielgerichteter und fundierter, wenn sie auf belegbaren Fakten fundieren. Da die einzelnen Kollegen von diesen Dokumentationen nicht betroffen sind, sondern diese Verantwortung ganz in die Hände des Trainingsraum-Teams gegeben haben, ist für die Kollegen keine zusätzliche Belastung mit den Dokumentationen verbunden.

X. Zu den festgelegten Zeiten ist immer ein Trainingsraum-Lehrer im Trainingsraum anwesend

Eine letzte, aber nicht weniger wichtige Voraussetzung für einen reibungslosen Ablauf ist die zuverlässige Besetzung des Trainingsraums. In den fünf Jahren Programmpraxis unserer Schule hat es nur eine einzige Stunde gegeben, in der der Trainingsraum nicht besetzt war, da die Schulleitung an diesem Tag nicht anwesend war und der dienst-älteste, für den Vertretungsplan verantwortliche Kollege keine andere Möglichkeit sah, als den Trainingsraum-Lehrer trotz dessen Protests im Unterricht einzusetzen. Gerade wenn viele Kollegen vertreten werden müssen, ist die Versuchung groß, den Trainings-raum vorübergehend zu schließen. Aber genau in diesen Stunden wird er am drin-gendsten benötigt. Gerade die Vertretungslehrer brauchen den Trainingsraum-Prozess, um den Vertretungsunterricht störungsfrei durchführen zu können – denn gerade hier-bei entstehen die größten Probleme im Unterricht. An unserer Schule stieg die Bereit-schaft zum Vertretungsunterricht nach der Einführung des Trainingsraum-Programms deutlich an.

7.

Anhang:
Kopiervorlagen

Fragebogen zu Unterrichtsstörungen

1. Gibt es an Ihrer Schule ein für alle verbindliches, festgelegtes Vorgehen bei Unterrichtsstörungen?

☐ Ja ☐ Nein

2. Welche Maßnahmen wenden Sie persönlich bei Unterrichtsstörungen vornehmlich an?

☐ Ermahnung

☐ Zusatzaufgaben (schriftliches Nachholen des Stoffes etc.)

☐ Ausschluss vom aktuellen Unterricht (Flur, Nachbarklasse …)

☐ Gespräch mit dem Schüler

☐ Platzwechsel

☐ Gespräch mit den Eltern

☐ Schriftliches Festhalten (Klassenbuch, Strichliste, Tafel o.Ä.)

☐ Maßnahmen nach der AschO (Klassenkonferenz o.Ä.)

☐ Schulleitung oder Klassenlehrer einschalten

☐ Sonstige Maßnahmen:

_____

_____

3. Sind Sie im Großen und Ganzen mit der Wirksamkeit Ihrer Maßnahmen zufrieden?

☐ Ja ☐ teils/teils ☐ Nein

4. Wünschen Sie sich manchmal andere, wirkungsvollere Maßnahmen zur Verfügung zu haben?

☐ Ja ☐ Nein

5. Wie viel Prozent der Unterrichtszeit nehmen Unterrichtsstörungen und Ihre Reaktion darauf in Anspruch?

Ca. _____ Prozent

Danke für Ihre Mitarbeit!
Die Moderatoren

© Verlag an der Ruhr | Postfach 10 22 51 | 45422 Mülheim an der Ruhr | www.verlagruhr.de | ISBN 978-3-8346-0149-X

Information an den/die TR-Lehrer/in

••

Datum: _____ Stunde: _____ Uhrzeit: _____

Name des Schülers/der Schülerin: _____

Klasse: _____ Klassenlehrer/in: _____

••

Die 1. Ermahnung erfolgte auf Grund folgender Störung:

_____

_____

Die 2. Störung:

_____

_____

Weitere Verstöße (Kommentare oder Verhaltensweisen) des Schülers/der Schülerin
nach der Entscheidung, den Klassenraum zu verlassen:

_____

_____

••

Lehrer/in: _____ Fach: _____

Die nächste Unterrichtsstunde hat der Schüler/die Schülerin bei mir:

Wochentag: Mo Di Mi Do Fr
Unterrichtsstunde: 1   2   3   4   5   6

© Verlag an der Ruhr | Postfach 102251 | 45422 Mülheim an der Ruhr | www.verlagruhr.de | ISBN 978-3-8346-0149-X

Information an den/die Trainingsraum-Lehrer/in

••

Datum: _____ Stunde: _____ Uhrzeit: _____

Name des Schülers/der Schülerin: _____

Klasse: _____ Klassenlehrer/in: _____

••

☐ Zwischenrufe ohne Aufforderung des Lehrer

☐ Stören von Mitschüler/innen wegen fehlender Materialien

☐ Unterhaltungen, Schwätzen, Reden mit Mitschüler/innen

☐ Beleidigen von Mitschüler/innen oder des Lehrers/der Lehrerin

☐ Nichtbefolgen von Anweisungen

☐ Verweigern der Mitarbeit

☐ Unerlaubtes Herumlaufen in der Klasse

☐ Unerlaubtes Essen oder Trinken im Unterricht

☐ Schießen, Spucken, Werfen mit Papier oder anderen Dingen

☐ Pfeifen, Singen oder andere Störgeräusche

☐ Tätlichkeiten gegen Mitschüler/innen

☐ Störgeräusche wie Klopfen, Klappern, Hantieren mit Arbeitsmitteln (Lineal, Zirkel …)

••

Sonstiges: _____

A – ausdrückliche Ermahnung   T – Entsendung in den Trainingsraum

Weitere Verstöße (nach der Entsendung):

_____

_____

Lehrer/in: _____   Fach: _____

Die nächste Unterrichtsstunde hat der Schüler/die Schülerin bei mir:

Wochentag: Mo Di Mi Do Fr
Unterrichtsstunde: 1   2   3   4   5   6

© Verlag an der Ruhr | Postfach 10 22 51 | 45422 Mülheim an der Ruhr | www.verlagruhr.de | ISBN 978-3-8346-0149-X

Trainingsraum-Programm
zum eigenverantwortlichen Denken und Handeln

Informationen an den Trainingsraum

- -

Datum: _____ Stunde: _____ Uhrzeit: _____

Name des Schülers/der Schülerin: _____

Klasse: _____ Klassenlehrer/in: _____

- -

Schüer/in stört, indem er/sie:

☐ reinredet ☐ sich prügelt

☐ schwätzt ☐ die Arbeit verweigert

☐ andere beleidigt ☐ Kaugummi kaut

☐ sich mit anderen streitet ☐ mit Gegenständen wirft

☐ im Klassenzimmer herumläuft ☐ den Anweisungen nicht folgt

☐ Sonstiges: _____

- -

Der Schüler/die Schülerin soll sich Gedanken zur Wiedergutmachung machen:

☐ Ja ☐ Nein

Unterschrift: _____

© Verlag an der Ruhr | Postfach 10 22 51 | 45422 Mülheim an der Ruhr | www.verlagruhr.de | ISBN 978-3-8346-0149-X

Laufzettel Trainingsraum

Informations an den Trainingsraum von: _____

Name/Paraphe des Kollegen/der Kollegin: _____

Ich habe den Schüler/die Schülerin: _____ Klasse: _____
verfahrensgemäß vorgewarnt!

Aber durch sein/ihr unten beschriebenes Verhalten hat er/sie sich für einen Trainingsraum-Aufenthalt entschieden!

☐ In die Klasse rufen ohne Melden

☐ Aufstehen und/oder durch die
   Klasse wandern

☐ Mit Tischnachbarn reden

☐ Mit Gegenständen werfen

☐ Antwort verweigern

☐ Arbeit verweigern

☐ Störende Geräusche

☐ Lautes, respektloses Benehmen

☐ Ausfälligkeiten gegenüber
   Erwachsenen

☐ Schimpfwörtergebrauch

☐ Handgreiflichkeiten

☐ Unerlaubtes Verlassen des
   Klassenraums

☐ Provozierende Gegenfragen

☐ Lehrerecho

☐ Türknallen

☐ Anders, nämlich:

_____

_____

Der Schüler/die Schülerin hat meine Klasse um _____ Uhr verlassen.

© Verlag an der Ruhr | Postfach 10 2251 | 45422 Mülheim an der Ruhr | www.verlagruhr.de | ISBN 978-3-8346-0149-X

Mein Plan

• •

Name: _____ Klasse: _____ Datum: _____

1. Ich beschreibe mein Verhalten, weshalb ich aus der Klasse gegangen bin:

_____

_____

_____

2. Wenn ich unsere Regeln breche, entscheide ich mich damit, in den „Raum für verantwortliches Denken" (RvD) zu gehen, um über mein Benehmen, meine Handlungsweise und
mein Auftreten nachzudenken. So will ich mein Verhalten verbessern:

_____

_____

_____

3. Vereinbarung: Ich möchte wieder im Klassenverband mitlernen und mein Recht auf
störungsfreien Unterricht wahrnehmen und die Regeln einhalten. Ich verpflichte mich,
meinen Plan einzuhalten!

_____

Unterschrift des Schülers/der Schülerin

An Frau/Herrn _____ durch den TR-Lehrer/in

_____ Aufenthalt im Trainingsraum

von _____ Uhr bis _____ Uhr.

Evtl. Zusatzbemerkungen auf der Rückseite. Hier aber ankreuzen ☐

© Verlag an der Ruhr | Postfach 10 2251 | 45422 Mülheim an der Ruhr | www.verlagruhr.de | ISBN 978-3-8346-0149-X

Elternmitteilung

• •

Sehr geehrte Frau/Sehr geehrter Herr _____

Ihre Tochter/Ihr Sohn _____ wurde seit

dem _____ _____ Mal in den Trainingsraum entsandt.

Nach den Regeln des Trainingsraum-Programms werden wir Sie bei weiteren drei Entsendungen in den Trainingsraum zu einem Gespräch einladen, um durch gemeinsame Maßnahmen weitere Entsendungen zu vermeiden.

• •

Mit freundlichen Grüßen

_____
Unterschrift TR-Lehrer/in

- -

hier abtrennen   *Abschnitt zurück zur Schule geben*

Ihre Mitteilung über die Trainingsraum-Konferenz vom _____

für meine Tochter/meinen Sohn _____ habe ich/haben wir

zur Kenntnis genommen.

_____
Unterschrift der Eltern/Erziehungsberechtigten

© Verlag an der Ruhr | Postfach 10 22 51 | 45422 Mülheim an der Ruhr | www.verlagruhr.de | ISBN 978-3-8346-0149-X

Beratungsgespräch

∙∙

Unterrichtsausschluss Ihres Sohnes/Ihrer Tochter _____
im Rahmen des Trainingsraum-Programms.

Sehr geehrte/r Frau/Herr _____

Leider müssen wir Ihnen mitteilen, dass Ihr Sohn/Ihre Tochter _____
gegen die Regeln der Trainingsraum-Ordnung verstoßen hat, indem

☐ er/sie zum dritten Mal an einem Tag in den Trainingsraum entsandt worden ist.

☐ er/sie sich nach der Entsendung nicht sofort zum Trainingsraum begeben hat
bzw. nicht sofort in die Klasse zurückgekehrt ist.

☐ er/sie trotz ausdrücklicher Ermahnung im Trainingsraum gestört hat.

Dadurch ist nach den Regeln der Trainingsraum-Ordnung und laut Beschluss der Schulkonferenz
eine Rückkehr in den Unterricht nur dann möglich, wenn Sie als Eltern Ihren Sohn/Ihre Tochter zur
Schule begleiten und bereit sind, an einem Beratungsgespräch mit der Schulleitung teilzunehmen.

∙∙

Als Beratungstermine bietet die Schule Ihnen grundsätzlich an:

morgens von _____ Uhr im Rektorzimmer oder aber ansonsten nach Absprache.

Diese Absprache ist bitte telefonisch unter der Tel.-Nr. _____
mit der Sekretärin zu treffen.

Wir müssen Sie darauf aufmerksam machen, dass laut Beschluss der Schulkonferenz die
Rückkehr Ihres Sohnes/Ihrer Tochter nur dann möglich ist, wenn Sie von einem solchen
Beratungsgespräch Gebrauch machen. Erst nach dem Beratungsgespräch ist Ihr Kind
wieder zum Unterricht zugelassen.

Mit freundlichen Grüßen

© Verlag an der Ruhr | Postfach 10 22 51 | 45422 Mülheim an der Ruhr | www.verlagruhr.de | ISBN 978-3-8346-0149-X

Beratungsgespräch

•••

Sehr geehrter Herr/geehrte Frau _____

leider sind Sie unserer Einladung zu einem Beratungsgespräch über das Verhalten Ihres Kindes nicht nachgekommen. Wir bedauern dies umso mehr, als dass wir uns von diesen Beratungsgesprächen erhoffen, entscheidende Hilfen für die Entwicklung von Verhaltensänderungen mit Ihnen gemeinsam zu besprechen. Es geht auf keinen Fall darum, dass wir Sie als Eltern bei unserer erzieherischen Arbeit außen vor lassen.
Nur durch eine intensive Zusammenarbeit können wir die Verhaltensweisen Ihres Kindes in der Schule und evtl. auch außerhalb der Schule grundlegend verbessern.

Da wir uns nicht vorstellen können, dass Sie an einer gemeinsamen Erziehungsarbeit im Interesse Ihres Kindes nicht interessiert sind, möchten wir Ihnen einen letztmaligen Termin anbieten, von dem wir hoffen, dass Sie davon Gebrauch machen können.

Dieser Termin ist _____

Sollten Sie diesen Termin nicht wahrnehmen können, so bitten wir Sie dringend, mit der Schule unter der o.g. Telefonnummer Kontakt aufzunehmen, um einen Ausweichtermin zu vereinbaren.

Mit freundlichen Grüßen

- -

hier abtrennen   *Abschnitt bitte zurück zur Schule geben*

Ich habe das Schreiben vom _____ zur Kenntnis genommen.

☐ Ich werde den Termin wahrnehmen.

☐ Ich bitte um einen Ausweichtermin am _____

☐ Ich bin nicht an einer Zusammenarbeit mit der Schule interessiert.

Datum _____   _____
                                    Unterschrift des Erziehungsberechtigten

© Verlag an der Ruhr | Postfach 10 2251 | 45422 Mülheim an der Ruhr | www.verlagruhr.de | ISBN 978-3-8346-0149-X

Trainingsraum-Konferenzprotokoll

● ●

für den Schüler/die Schülerin: _____ Klasse: _____

Teilnehmende Lehrer/innen:

• TR-Lehrer/in (Leitung der TR-Konferenz): _____

• Klassenlehrer/in: _____

• Fachlehrer/in: _____

• Beratungslehrer/in: _____

Seit dem _____ ist _____

_____ Mal in den Trainingsraum entsandt worden.

Die Trainingsraum-Konferenz beschließt, bei weiteren _____ Aufenthalten
folgende Maßnahmen nach Rücksprache mit den Eltern zu ergreifen:

• Erneute Elternberatung

• Helferkonferenz mit z.B. Jugendamt

• Verfahren zur Feststellung des sonderpädagogischen Förderbedarfs

• Jugendpsychiatrisches Diagnoseverfahren

• Sonstige Maßnahmen: _____

Den Eltern von _____ geht eine schriftliche Mitteilung
über das Ergebnis dieser Konferenz zu. Der Trainingsraum-Lehrer verständigt sich mit den Eltern
über das weitere Vorgehen.

Datum _____   _____
                                    Unterschrift Trainingsraum-Lehrer/in

© Verlag an der Ruhr | Posttach 10 22 51 | 45422 Mülheim an der Ruhr | www.verlagruhr.de | ISBN 978-3-8346-0149-X

Evaluationsfragebogen für Lehrer

Erfahrungen mit dem Trainingsraum-Programm

1. Wie oft wenden Sie das Programm an?

☐ meistens ☐ manchmal ☐ selten ☐ nie

2. Was passiert in der Klasse, wenn Sie Schüler/innen in den Trainingsraum geschickt haben?

▶ Es kommt zu einer Beruhigung in der Klasse

☐ meistens ☐ manchmal ☐ selten ☐ nie

▶ Es kommt zu keiner Beruhigung in der Klasse

☐ meistens ☐ manchmal ☐ selten ☐ nie

▶ Es kommt zu noch mehr Unruhe in der Klasse

☐ meistens ☐ manchmal ☐ selten ☐ nie

3. Führt die Anwendung des Programms zu einer Verbesserung der Unterrichtsatmosphäre?

☐ meistens ☐ manchmal ☐ selten ☐ nie

4. Führt die Anwendung des Programms dazu, dass sie gelassener unterrichten können?

☐ meistens ☐ manchmal ☐ selten ☐ nie

5. Führt die Anwendung des Programms dazu, dass häufig störende Schüler/innen ihr Verhalten verbessert haben?

☐ meistens ☐ manchmal ☐ selten ☐ nie

6. Sind Sie selbst einverstanden mit den Ideen und der Durchführung des Programms?

▶ mit den Ideen

☐ Ja ☐ überwiegend Ja ☐ überwiegend Nein

▶ mit der Durchführung

☐ Ja ☐ überwiegend Ja ☐ überwiegend Nein

© Verlag an der Ruhr | Postfach 10 2251 | 45422 Mülheim an der Ruhr | www.verlagruhr.de | ISBN 978-3-8346-0149-X

Evaluationsfragebogen für Schüler

Erfahrungen mit dem Trainingsraum-Programm

Klasse: _____

1. Wie oft warst du bisher im Trainingsraum?

☐ kein Mal ☐ 1–5 Mal ☐ 6–10 Mal ☐ mehr als 10 Mal

2. Wie gut kennst du die Regeln des Trainingsraum-Programms?

☐ sehr gut ☐ ziemlich gut ☐ kaum ☐ gar nicht

3. Wie sehr hilft dir das Trainingsraum-Programm, um dich im Unterricht zusammenzureißen?

☐ sehr ☐ ziemlich ☐ kaum ☐ gar nicht

4. Wie groß waren die Auswirkungen des Trainingsraum-Programms auf die Ruhe im Unterricht deiner Klasse?

☐ sehr groß ☐ ziemlich groß ☐ kaum ☐ gar nicht

5. Was glaubst du, wie deine Eltern das Trainingsraum-Programm beurteilen?

☐ sehr gut ☐ gut ☐ ausreichend ☐ mangelhaft

6. Sollte deiner Meinung nach das Trainingsraum-Programm in seiner bisherigen Form an unserer Schule weiter durchgeführt werden?

☐ Ja ☐ Nein

© Verlag an der Ruhr | Postfach 10 22 51 | 45422 Mülheim an der Ruhr | www.verlagruhr.de | ISBN 978-3-8346-0149-X

Elternbrief

Sehr geehrte Eltern,

Eltern, Lehrer und Schüler unserer Schule haben vor _____ Jahren in der Schulkonferenz gemeinsam beschlossen, an unserer Schule das „Trainingsraum-Programm" einzuführen. Dieses Programm sollte uns die Möglichkeit schaffen, dem Ziel eines störungsfreien Unterrichtes einen großen Schritt näher zu kommen. Nach mehrjähriger Erfahrung können wir sagen, dass dies in unserer Schule in hohem Maß erreicht worden ist. Weil auch Sie als Eltern in diesem Programm eine wesentliche Rolle spielen, möchten wir Ihnen das Trainingsraum-Programm kurz erläutern: Im Wesentlichen hat das Trainingsraum-Programm 3 Regeln als Grundlage:

1. **Jeder muss immer die Rechte der anderen respektieren.**

2. **Jeder Schüler hat das Recht, ungestört zu lernen.**

3. **Jeder Lehrer hat das Recht, ungestört zu unterrichten.**

Wenn alle Beteiligten sich an diese 3 Regeln hielten, wäre sicherlich das Ziel des ungestörten Unterrichtes bereits erreicht. Da dies jedoch nicht selbstverständlich ist, beinhaltet das Trainingsraum-Programm die Möglichkeit, dass jeder einzelne Schüler, der gestört hat, mit Unterstützung der Trainingsraum-Lehrer über seine Störungen nachdenkt und für sich einen Plan entwickelt, wie er in Zukunft ohne Störungen am Unterricht teilnehmen kann. Deshalb hat das Trainingsraum-Programm einen festen, für alle zuverlässigen und durchschaubaren Ablauf:

1. Ein störender Schüler erhält vom unterrichtenden Lehrer eine **ausdrückliche Ermahnung**.

2. Wenn er dieser **ausdrücklichen Ermahnung** nicht Folge leistet und sich entscheidet, weiter zu stören, wird er mit einem **Infozettel** in den **Raum des eigenverantwortlichen Denkens**, auch Trainingsraum genannt, geschickt.

3. In diesem Raum stellt er mit der Unterstützung eines Trainingsraum-Lehrers einen Rückkehrplan auf. In diesem **Rückkehrplan** entwickelt er eigenverantwortliche Ideen, wie er in Zukunft störungsfrei am Unterricht teilnehmen kann.

4. Mit diesem Rückkehrplan kehrt er in die Klasse zurück und legt ihn dem Lehrer vor.

5. Wenn der Lehrer diesen Rückkehrplan akzeptiert, kann der Schüler weiter am Unterricht teilnehmen.

6. Wenn der Lehrer den Plan nicht akzeptiert oder wenn der Schüler auch nach der Rückkehr weiter stört, wird der Schüler wieder in den Trainingsraum geschickt.

Sonderregeln

7. Sollte ein Schüler zum dritten Mal am gleichen Unterrichtstag nach einer ausdrücklichen Ermahnung weiter den Unterricht stören, wird er vom weiteren Unterricht ausgeschlossen und kann erst nach einem Rückkehrgespräch zwischen einem Elternteil, dem Schüler und einem Schulleitungsmitglied in den Unterricht zurückkehren.

© Verlag an der Ruhr | Postfach 10 22 51 | 45422 Mülheim an der Ruhr | www.verlagruhr.de | ISBN 978-3-8346-0149-X

Diese Sonderregel gilt auch für den Fall,

▶ dass ein Schüler sich weigert, in den Trainingsraum zu gehen,

▶ dass ein Schüler beim Gang zum Trainingsraum oder zurück zur Klasse Umwege macht oder

▶ dass ein Schüler im Trainingsraum weiter stört.

Die Beratungen

8. Nach sechs Entsendungen in den Trainingsraum werden Sie als Eltern über die Entsendungen informiert. Nach weiteren drei Entsendungen werden Sie zu einem ausführlichen **Beratungsgespräch** eingeladen, da wir davon ausgehen müssen, dass die Verhaltensauffälligkeiten so gravierend sind, dass wir gemeinsame Maßnahmen zur Vermeidung weiterer Entsendungen besprechen sollten.

9. Bei jeweils drei bzw., bei Schülern mit sonderpädagogischem Förderbedarf, sechs weiteren Entsendungen erfolgen jeweils Elterngespräche, in denen auch Hilfen von außen erörtert werden.

Diese Regeln und Abläufe werden in den Klassen besprochen und sind allen Schülern unserer Schule bekannt. Wir haben die Erfahrung gemacht, dass durch dieses Trainingsraum-Programm auch die lernbereiten Schüler mehr Gerechtigkeit erfahren, die bisher von den störenden Schülern meistens in ihren schulischen Interessen unterdrückt worden sind. Für alle Schüler steht das Prinzip der Eigenverantwortlichkeit im Mittelpunkt. Jeder Schüler kann eigenverantwortlich entscheiden, ob er durch störungsfreies Verhalten im Klassenraum bleiben oder durch Stören in den Trainingsraum gehen will. Im Trainingsraum wird in eigener Verantwortung ein Rückkehrplan entwickelt.

Für alle Schüler und Lehrer erhoffen wir uns auch in Zukunft durch dieses Programm einen erheblichen Zuwachs an Vertrauen in den Unterricht und in die Schule, da wir davon ausgehen, dass durch die Beruhigung des Unterrichtsklimas die erstrebten Bildungsziele erreicht werden können. Für den Erfolg unserer Anstrengungen zum Erreichen dieser Ziele brauchen wir auch Ihre Mithilfe. Nur wenn Sie uns bei der Durchführung der Regeln unterstützen und mit uns zusammenarbeiten, kann das Trainingsraum-Programm an unserer Schule erfolgreich sein.

Mit freundlichen Grüßen

- -

Hier abtrennen

Ich habe die Information zum Trainingsraum-Programm zur Kenntnis genommen.

_____, den _____

_____

Unterschrift eines Erziehungsberechtigten

© Verlag an der Ruhr | Postfach 10 22 51 | 45422 Mülheim an der Ruhr | www.verlagruhr.de | ISBN 978-3-8346-0149-X

Trainingsraum-Aufenthalte

Klasse: _____ Schuljahr: _____ Halbjahr: _____ Klassenlehrer: _____

Name/Telefon	Trainingsraum/Gespräche													
/														
/														
/														
/														
/														
/														
/														
/														
/														
/														
/														
/														
/														
/														
/														
/														
/														
/														
/														
/														
/														
/														
/														

© Verlag an der Ruhr | Postfach 10 22 51 | 45422 Mülheim an der Ruhr | www.verlagruhr.de | ISBN 978-3-8346-0149-X

■ Literatur

H.-J. Balz (Hrsg.):
Eigenverantwortliches Handeln im Unterricht – Das Trainingsraumprogramm im Urteil von Schülern und Lehrern
Bochum, 2006.
ISBN 978-3-9260-1364-8

Georg E. Becker:
Lehrer lösen Konflikte.
Weinheim, 2006.
ISBN 978-3-407-22178-0

Thomas W. Phelan/Sarah Jane Schonour:
Die 1-2-3-Methode für Lehrer.
Mülheim/Ruhr, 2005.
ISBN 978-3-8346-0048-8

Barbara Duell/Inge Maria Mandac:
Konflikttraining mit Eltern.
Das Kooperationsprogramm
für Schule und Elternhaus.
Mülheim/Ruhr, 2003.
ISBN 978-3-86072-822-2

Kurt Faller/Wilfried Kerntke/
Maria Wackmann:
Konflikte selber lösen.
Mülheim/Ruhr, 2009.
ISBN 978-3-83346-0526-9

Gerd Lohmann:
Mit Schülern klarkommen.
Professioneller Umgang mit
Unterrichtsstörungen und
Disziplinkonflikten.
Berlin, 2007.
ISBN 978-3-589-22520-0

Hans-Peter Nolting:
Störungen in der Schulklasse.
Ein Leitfaden zur Vorbeugung
und Konfliktlösung.
Weinheim, 2007.
ISBN 978-3-407-22108-7

■ Internet

www.unterrichtsstoerungen.de
Auf dieser Seite sind verschiedene
Möglichkeiten dargestellt, die das
störungsfreie Lehren und Lernen
in der Schule fördern.

www.streitschlichtungskongress.de
Internetseite mit Erfahrungsbereichten
als auch Materialien zum Thema
„Streitschlichterprogramme".

www.trainingsraum.de/Download/pct.pdf
Hier gibt's die von William T. Powers
entwickelt Wahrnehmungskontrolltheorie zum dowlnoaden.

**http://bebis.cidsnet.de/weiterbildung/
sps/allgemein/bausteine/stoerungen/
rahmen.htm**
Diese Seite gibt einen kurzen, breit
angelegten Überblick über das Thema
Unterrichtsstörungen.

Die in diesem Werk angegebenen Internetadressen haben wir geprüft (Stand April 2009). Da
sich Internetadressen und deren Inhalte schnell
verändern können, ist nicht auszuschließen,
dass unter einer Adresse inzwischen ein ganz
anderer Inhalt angeboten wird. Wir können daher für die angegebenen Internetseiten keine
Verantwortung übernehmen.